Schätze aus dem Goethe- und Schiller-Archiv.
Band 6

OTTILIE VON GOETHE

Mut zum Chaos

Ein Ausstellungsbuch, herausgegeben von Francesca Fabbri,
mit Beiträgen von Francesca Fabbri, Waltraud Maierhofer
und Yvonne Pietsch

W/ 2022

Die Autorinnen

DOTT.SSA FRANCESCA FABBRI studierte Literatur- und Kunstgeschichte in Genua und Marseille. Sie lebt in Weimar und arbeitet deutschlandweit und international als freiberufliche Wissenschaftlerin. Sie forscht zu Sammlungen der Goethezeit, zur religiösen Ikonographie und Kunst des Barock sowie zu deutsch-italienischen Kulturbeziehungen.

PROF. DR. PHIL. WALTRAUD MAIERHOFER studierte Germanistik und Philosophie in Regensburg. Sie hat eine Professur für Deutsche Sprache, Literatur und Kultur an der University of Iowa (USA). Schwerpunkte ihrer Forschungen liegen in der deutschen Literatur und Kultur vom 18. Jahrhundert bis zur Moderne, in biographischen Studien sowie den Spannungsfeldern zwischen Bild und Text.

DR. PHIL. YVONNE PIETSCH studierte Germanistik, Anglistik und Theaterwissenschaften in Erlangen und München. Sie ist Projektleiterin der historisch-kritischen Goethe-Brief-Ausgabe im Goethe- und Schiller-Archiv Weimar und forscht zur Literatur der Romantik und der Goethezeit, zur Briefkultur und zu editionsphilologischen Fragestellungen.

Inhalt

Abb. 1
Innenansicht des Mittelsaals des Goethe- und Schiller-Archivs in Weimar
Foto: KSW

Vorwort

Durch Heirat trug sie einen berühmten Namen – und schaffte es dennoch, als unverwechselbare Persönlichkeit in die Kulturgeschichte einzugehen: Ottilie von Goethe. Das konventionelle Frauenbild ihrer Zeit herausfordernd, war sie als Dichterin und Übersetzerin äußerst aktiv, auch als Redakteurin und Herausgeberin. Klar positionierte sie sich zu brisanten politischen Fragen. National wie international agierte sie als eine begnadete Netzwerkerin, besonders in den englischsprachigen Raum hinein. Der Titel des von ihr begründeten und herausgegebenen programmatischen Journals *Chaos*, dessen erklärtes Ziel es war, jegliche Schranken zwischen Nationalitäten, Geschlechtern und Schichten zu überwinden, steht symbolisch für ihr bewegtes Leben selbst: Im romantischen Sinn als schöpferische Kraft begriffen, verlangt das Chaos stets einen unverbrauchten Blick auf die Welt – jenen Blick, der den Nullpunkt kreativer Prozesse markiert. Neben Eifer und Begeisterung bedurfte es gerade bei einer Frau der damaligen Zeit eines unerschütterlichen Glaubens an sich selbst, einer enormen Kraft und einer großen Menge Mutes, die eigenen Ideen trotz aller Widerstände und Kritiken durchzusetzen. Im Kampf um ein selbstbestimmtes Leben nutzte sie immer wieder den Prozess des Schreibens als Raum der Freiheit und Selbst(er)findung.

Der Funke der Begeisterung war es auch, der Francesca Fabbri dazu inspirierte, Ottilie von Goethes komplexen Nachlass in intensiven und ambitionierten Studien zu erforschen und dabei Neues und Faszinierendes aus den Magazinen und Depots ans Licht der interessierten Öffentlichkeit zu holen. Diese Ergebnisse werden nun erstmals in einer Ausstellung präsentiert und im vorliegenden Begleitbuch vertiefend dargelegt.

Der größte Teil des Nachlasses der Ottilie von Goethe befindet sich in Weimar – im Goethe- und Schiller-Archiv, der Herzogin Anna Amalia Bibliothek und in den Museen der Klassik Stiftung Weimar. Allen zuständigen Kolleginnen und Kollegen, die zum Gelingen des Projekts beigetragen haben, sei an dieser Stelle sehr herzlich für ihre unermüdliche und unkomplizierte Unterstützung gedankt. Ebenso gedankt sei dem Freien Deutschen Hochstift und dem Goethe-Museum Düsseldorf, Anton-und-Katharina-Kippenberg-Stiftung, für ihre Hilfe. Ein ganz besonderes Dankeschön gilt der Freundesgesellschaft des Goethe- und Schiller-Archivs, die durch ihre großzügige Finanzierung diese Publikation ermöglicht hat.

Sabine Schimma
Wissenschaftliche Mitarbeiterin Ausstellungen

Abb. 2
Franz Woltreck,
Ottilie von Goethe,
Bronzemedaillon,
vergoldet, 1838
(KSW, Museen,
KPl/00837)

Ottilie von Goethes Nachlass in Weimar – Schätze aus dem Goethe- und Schiller-Archiv

Francesca Fabbri

Das Bild

In den Beständen der Klassik Stiftung Weimar befindet sich ein faszinierendes Bronzeporträt der Ottilie von Goethe, das der Bildhauer Franz Woltreck geschaffen hat. 1800 geboren und damit wenige Jahre jünger als Ottilie, war er, wie sie, im Geist der Befreiungskriege aufgewachsen. Ausgebildet wurde er als Medailleur in Wien und Kassel, in Paris erlernte er das Modellieren bei Pierre Jean David d'Angers. Es folgte die Anstellung als Hofbildnismedailleur in Berlin. 1836 ging er nach Rom, wo er den befreundeten Bertel Thorvaldsen porträtieren durfte. 1838, nachdem er die letzten zwei Jahre für den Münchener Hof und die Walhalla gearbeitet hatte, verbrachte er Weihnachten am Frauenplan in Weimar, wo dieses eindrucksvolle Bildnis entstand.[1] Die Persönlichkeit Ottilie von Goethes scheint hier am besten repräsentiert zu sein. Ihr markantes Profil und die modische Frisur kontrastieren fast mit der antikisierenden Form und dem edlen Metall des renaissanceartigen Tondo: Eine moderne Frau zeigt sich selbstbewusst auf der Schwelle zwischen Romantik und Spätklassizismus. Ottilie von Goethe, Ehefrau August von Goethes und mithin Johann Wolfgang von Goethes Schwiegertochter, sollte als eine bedeutende Person des 19. Jahrhunderts betrachtet werden, obwohl sie in der Forschung lange in Vergessenheit geraten war – genau wie ihr bronzenes Porträt.

> Sie war am 31. Oktober [1796] geboren, und sie wußte es zu rühmen daß der Tag des Reformationsfestes [...] ihr das Licht der Welt gegeben. Sie war durch und durch eine protestantische, eine gegen alles Herkommen der Satzung und Gewohnheit protestirende, eine autonome Natur [...].[2]

So beschrieb sie trefflich der mit ihr befreundete Schriftsteller Gustav Kühne kurz nach ihrem Tod. Es waren nicht nur ihre Nähe und ihre liebevolle Beziehung zum Dichterfürsten, die ihr eine faszinierende Aura verliehen, sondern eher ihr eigener origineller Charakter, denn ihr »tiefere[s] Interesse, welches Sie Allem entgegenbrachte, ihre Lebendigkeit, ihre geistreiche Schlagfertigkeit, ihr wohlwollend einfaches Wesen machten sie sehr anziehend, ja fesselnd«[3]. Nicht zuletzt faszinierte auch

1 KSW, Museen, KPI/00837. Ein anderes Exemplar des Werkes befand sich in Wien, bei der Familie Seligmann (Castle 1935, S. 3).

2 Kühne 1873, S. 273.

3 Ferdinand Hiller, in: Hein 2001, S. 407.

die Tragik ihres Lebens. Neben dem Glanz der Öffentlichkeit stand ihre tief zerrissene private Existenz. Trotz der Geburt dreier sehr geliebter Kinder (Walther im Jahr 1818, Wolfgang zwei Jahre später und Alma im Jahr 1827) gestaltete sich das Zusammenleben mit ihrem Mann sehr unglücklich. Ottilie suchte schon während der Ehe und auch danach immer wieder vergeblich einen intellektuell und emotional gleichgesinnten Lebensgefährten und sehnte sich offen nach unbedingter Liebe. Nach dem Tod August von Goethes in Rom und dem des Schwiegervaters in Weimar lehnte sie die ihr zugedachte Rolle der ›ewigen Witwe‹ entschieden ab, beschritt neue Wege der Selbstverwirklichung und fühlte sich frei, ihre Existenz je nach Gefühlslage zwischen Frankfurt am Main, Wien, Leipzig und Italien zu führen. Dies reichte aus, um in Weimar Kopfschütteln und Vorwürfe zu erregen. Lily von Kretschmann sprach 1891 über diese Wendung, als sie die Erinnerungen ihrer Großmutter Jenny von Gustedt, geborene von Pappenheim, eine der engsten Freundinnen Ottilies, publizierte:

> Ottilie Goethe! Es gab eine Zeit, wo dieser Name denselben guten Klang hatte wie der einer Rahel, nicht nur, weil es der Name »Goethe« war, sondern weil die Frau, die ihn trug zu den liebenswürdigen, klügsten ihrer Zeit gehörte […]. Aber nach und nach fingen ihre Freunde an, sich von ihr abzuwenden […]. Wer heute noch zufällig ihren Namen liest, erinnert sich wohl nur noch dunkel, daß sie nicht zu den guten Frauen gehörte, von denen nicht gesprochen wird; daß sie aber einst eine gute, edel angelegte Frau war, wissen nicht viele mehr.[4]

Nur wenige Stimmen wagten es in den Jahrzehnten danach, sie als Persönlichkeit zu würdigen.[5] Auch die zwei Bände der *Schriften der Goethe-Gesellschaft* (Oettingen 1912–1913), die ihren Tagebüchern und Briefen bis 1832 gewidmet sind, scheinen sich hauptsächlich auf ihr Privatleben zu konzentrieren: Anekdotensucht überschattet diesen ersten Versuch, sich wissenschaftlich mit Ottilies Nachlass auseinanderzusetzen.[6] Die Offenlegung ihrer persönlichen Schriften und Gedanken ließen eine Welle der Empörung gegen sie aufbranden. Nur eine Frauenrechtlerin und Pazifistin wie Bertha Kipfmüller erkannte in ihrer Rezension die Einzigartigkeit »dieses wunderbaren Seelengebildes«[7]. Die Fülle der dargestellten Alltagsszenen aus dem Goethehaus nährte dazu Publikationen trivialer Romanliteratur, die Ottilies Figur popularisierten, aber gleichzeitig karikierten.[8] 1923 publizierte Heinrich Hubert Houben weitere ihrer Briefkorrespondenzen bis 1857. Der Literaturwissenschaftler erkannte deutlich, wie Ottilie »in ihrem leidenschaftlichen Anspruch auf personale Freiheit und Selbstbestimmung […] die selbst-

4 Kretschmann 1891, S. 97. Besonders interessant sind die Erinnerungen von Gerstenbergk 1901, die auf unveröffentlichten Briefen basieren.

5 Hier zu erwähnen ist die treffliche Beschreibung von Kühn 1912, S. 517: »eine problematische Natur, […] in einem romantischen Helldunkel lebend, zwischen den Dämmerungen und Rätseln des Daseins, ein geniales Wesen, das seltsam nixenhaft schillert.«

6 Diese Edition, die nur einen minimalen Teil des Nachlasses berücksichtigt, ist überdies nicht frei von Datierungs- und Interpretationsfehlern.

7 Kipfmüller 1914, S. 371.

8 U. a. Otto Rießler: *Ottilie von Goethe. Ein Schmetterling der Liebe*, 1926; Hans von Hülsen: *August und Ottilie. Roman einer Ehe unter Goethes Dach*, 1941 (schon 1932 als *Haus der Dämonen* erschienen); Albrecht Heinemann: *Weimarer Novellen*, 1961; interessant wegen der Teiledition einiger Archivalien ist Toni Deneke: *Das Testament. Menschenschicksale um das Haus am Frauenplan* (ein Bestseller mit mehreren Auflagen zwischen 1953 und 1965!).

ständige Verkörperung eines modernen [...] Frauenbewußtseins« sei und wie ihr Kampf gegen die nüchterne Alltäglichkeit sie zum Opfer ihrer Zeit gemacht habe.[9] Leider weidete sich auch hier die Aufmerksamkeit von Publikum und Kritik mehr an den enthüllten Skandalen wie der Geburt und dem frühen Tod ihrer unehelichen Tochter in Wien als an ihrem intellektuellen Austausch mit der Empfängerin dieses Briefwechsels, der Archäologin Sibylle Mertens-Schaaffhausen. Die große Entdeckung wurde unerwartet 1957 in der Newberry Library in Chicago gemacht, als der Germanist Heinz Bluhm dort einen Teil der privaten Papiere aus dem Nachlass Ottilie von Goethes fand. Die Publikationsreihe der Tagebücher und Briefe, die zwischen 1962 und 1979 herausgegeben wurde[10] und ihr Erlebtes bis 1867 aufzeigt, brachte endlich Licht in die späteren Phasen ihres Lebens.

Seit den 1980er-Jahren kann von einem stetig wachsenden Interesse an Ottilie als literarisch-intellektuelle Figur gesprochen werden. Der kurze, aber prägnante Essay von Ulrich Janetzki (1982) zeigt zum ersten Mal eine vorurteilsfreie Rezeption ihrer Person. Unter dem Vorzeichen der nunmehr erworbenen Frauenbürgerrechte und ihrer nicht mehr bestrittenen geistigen Autonomie bietet Janetzki eine Auswahl von Ottilies literarischen Texten. Auch die ihr gewidmeten Romanbiographien von Ruth Rahmeyer (1988 und 2002) setzen neue Akzente, indem sie Ottilies rebellischen Geist und ihren Kampf für das Menschenrecht auf Glück und Liebe in den historischen Kontext von Spätaufklärung und Frühromantik einbetten. Das Goethe-Museum in Düsseldorf ist die erste Institution, die 1996 eine Ausstellung über Ottilie von Goethe wagt und die, drei Jahre später, im Holzhausenschlösschen in Frankfurt am Main ihre bahnbrechende Erscheinung im Kreis der weiblichen Persönlichkeiten um Goethe vorstellt.[11] Es nimmt also nicht Wunder, dass die erste (und bis heute einzige) Dissertation, die sich mit Ottilie von Goethes Nachlass beschäftigt, in Düsseldorf angeregt wurde. Die 2001 erschienene Arbeit von Karsten Hein, die in chronologischer Folge zahlreiche bedeutende Archivalien und literarische Quellen versammelt,[12] bildet bis heute den Ausgangspunkt für alle weiteren Publikationen, die in den letzten zwei Jahrzehnten zu einzelnen Aspekten von Ottilies intellektueller Tätigkeit erschienen sind.[13]

Die nun gezeigte Ausstellung im Goethe- und Schiller-Archiv, in dem sich der größte Teil ihres Nachlasses befindet, versteht sich als eine Einladung, das Leben dieser geistreichen, neugierigen, freiheitsliebenden und weltoffenen Frau im bewegten 19. Jahrhundert wiederzuentdecken. Hier steht nicht ihre Biographie im Vordergrund, sondern ihre literarische und geistige Tätigkeit – auch an der Seite anderer Schriftsteller:innen. Ihre Rolle als Agentin des englisch-deutschen Kulturtransfers, ihre Unterstützung einer neuen Generation

9 Houben 1923, S. 107.

10 Vgl. Bluhm 1962–1979. Dieser Teilnachlass kam über den antiquarischen Markt 1954 nach Chicago: vgl. Boerner 2000; Hein 2001, S. 662 f.; Rahmeyer 2002, S. 354 f.

11 Vgl. Spies 1999.

12 Vgl. Hein 2001.

13 Auf Heins Arbeit stützt sich auch die jüngste Romanbiographie über Ottilie von Goethe: Gersdorff 2021.

von Autor:innen in Weimar, Leipzig und Wien werden dabei ebenso umrissen wie ihre Dichtung und ihr politisches Engagement. Schließlich wirft die Ausstellung auch einen Blick auf Ottilies Selbstverpflichtung zum Erhalt des Goethe'schen Erbes sowie auf ihre Tätigkeit als passionierte Sammlerin, wie die eindrucksvollen Beispiele ihrer Privatbibliothek und ihrer eigenen Kunstsammlung zeigen.

Ottilie von Goethe spielt in Weimars Gedenkkultur kaum eine Rolle. Ihr Kampf um Selbstbestimmung und ihr Mut, mit dem sie das schöpferische Chaos gegen die schablonenhaften Konventionen ihrer Zeit ausspielt, verdienen also mehr denn je unsere Aufmerksamkeit und Würdigung.

Ottilie, Freiin von Pogwisch, ab 1817 Frau von Goethe

> Wonne im Blick, und ernst voll heitrer Würde,
> Mit prophetischer Ahndung für die Zukunft,
> Seegnen Dich heut, Mutter, Großmutter, Schwester
> Holde Ottilie!

Dies ist der Beginn einer opulenten Komposition zu Ottilies 21. Geburtstag, ihrem ersten als Frau von Goethe. Sie stammt von ihrem Italienischlehrer, General Heinrich Wilhelm Traugott von Metsch, der sich hier selbst als ein »alter Verehrer des edlen/glorreichen Stammes der Grafen von Henckel«[14] bezeichnet. Er listet die Mitglieder der festlich vereinten Familie auf und beschwört eine rein weibliche Genealogie. Die Großmutter, Gräfin Ottilie Henckel von Donnersmarck, geb. Gräfin von Lepel, lenkte über Jahre die Geschicke dieser besonderen Familie. Nach dem Tod ihres Gatten Viktor Amadeus Henckel von Donnersmarck 1793 – er war Generalleutnant und Gouverneur von Königsberg sowie königlich-preußischer Generalmajor – traten die Witwe und ihre Tochter Henriette, Ottilies Mutter, in die Dienste des preußischen Hofs. So wurde die sehr angesehene und hochkultivierte Gräfin zuerst Oberhofmeisterin am Hof der Erbprinzessinnen Helena Pawlowna von Mecklenburg-Schwerin und, nach deren Tod, ab 1804 am Hof ihrer Schwester Maria Pawlowna in Weimar. Tochter Henriette heiratete den Major Wilhelm Julius von Pogwisch aus einem alten schleswigschen Rittergeschlecht, dessen Mitglieder seit Generationen den Königen von Preußen als Offiziere dienten. Es war eine Liebesheirat, doch war die Ehe der Pogwischs nicht von finanziellem Glück gesegnet: Aufgrund verlustreicher Spekulationen des Majors befahl die Gräfin ihrer Tochter eine endgültige Trennung von dem geliebten Ehemann. Henriette von Pogwisch, bereits

14 GSA 40/XXVII,1.

Mutter Ottilies und der zwei Jahre jüngeren Ulrike, nahm zunächst eine Anstellung am Hofe der Prinzessin Friederike von Preußen an. Schließlich kam sie 1806 mit den Töchtern an den Weimarer Hof, an dem sie 1811 Hofdame der Herzogin Luise wurde.

Ottilie von Pogwisch wuchs also in der schillernden Welt des Hofes auf, an deren Rhythmen und Strukturen das Leben ihrer Mutter und Großmutter dauerhaft gebunden war. Als Kind erlebte sie eine zerrissene Familie, in der ihr Vater keine Rolle spielte und früh aus ihrem Umkreis verschwand. Andererseits verlieh ihr die Zugehörigkeit zur privilegierten Adelsschicht ein gesteigertes Selbstbewusstsein. Geprägt von der kulturellen Atmosphäre, die in dieser Familie herrschte – Großmutter und Mutter gründeten in Weimar verschiedene Lesezirkel und -gesellschaften – und dank ihres lebhaften und neugierigen Intellekts entwickelte sie sich zu einer geistig höchst originellen Persönlichkeit:

> Daß sie ihre Erziehung von einer Hofdame, ihrer Mutter, und von einer scharfen Oberhofmeisterin, ihrer Großmutter, erhalten hatte, verleugnete sich nie; aber die so erzogene, mit reichen und liebeswürdigen Anlagen des Geistes und Gemüthes ausgestattete Natur hatte eine solche Energie des Herzens und eine so heftige Offenheit im Ausdrucke seiner Empfindungen und Gesinnungen mitgebracht, daß auch in der geschultesten Form deren Macht ungebrochen blieb und allenfalls keinen Anstand nahm, das Conventionelle zu durchbrechen.[15]

Als Preußen am 27. März 1813 Frankreich den Krieg erklärte und damit die Befreiungskriege begannen, kämpften mehrere Mitglieder von Ottilies Familie an der Front, und sie beschloss, nicht ohne nutzbringende Aufgabe in Weimar zu bleiben. Lange vor dem Aufruf des Herzogs Carl August von Sachsen-Weimar-Eisenach am 22. November 1813 an die Freiwilligen gründete sie schon am 28. Mai 1813 den *Orden der Hoffnung oder des Deutschen Schwesterbundes*. Der bis 1816 aktive Frauenverein sammelte Geld und verkaufte selbstgefertigte Handarbeiten, um deutschen Invaliden und Soldatenwitwen zu helfen. Wie viele ihrer Generation sah Ottilie die Befreiungskriege vor dem politischen Horizont nationaler deutscher Selbstständigkeit und Einigkeit. Ihre schon damals geäußerte Hoffnung richtete sich auf ein vereinigtes Deutschland unter einer konstitutionellen preußischen Monarchie, deren politische Umsetzung sie kurz vor ihrem Tod noch erleben durfte.

Jene Jahre voller Leidenschaft bestimmten ihr Schicksal: Am 30. November 1813 tauchte der Offizier Ferdinand Heinke in Weimar auf, und Ottilie verliebte sich hoffnungslos in ihn. Der junge Jurist

15 Mejer 1889, S. 6 f.

Abb. 3
Franz Heinrich Müller, *Ottilie von Goethe*, Kreidezeichnung mit Weißhöhung, 1813 (KSW, Museen, KHz/AK 2439)

Abb. 4
Karl Joseph Raabe, *August von Goethe*, Ölgemälde, 1811 (KSW, Museen, KGe/00490)

war bereits verlobt und zudem bürgerlicher Herkunft; niemals hätte die adelsstolze Familie Ottilies der Ehe mit einem Pelzhändlersohn zugestimmt.[16] Im Scheitern der Beziehung mit Heinke sah August von Goethe, der schon vorher um Ottilie geworben hatte, seine Chance. Seine mit 800 Talern jährlich dotierte neue Stellung als Kammerherr am Hof gab ihm den Mut dazu. Die Familie Henckel von Donnersmarck war entschieden gegen eine solche Mesalliance. Obwohl ohne Mitgift, stammte Ottilie aus einem der ältesten Adelsgeschlechter Deutschlands, während die Familie Goethe erst seit wenigen Jahrzehnten ihren Adelstitel führte. Ottilie selbst zweifelte aus anderen Gründen: August und sie kannten sich schon seit Jahren »so genau, dass wir gegenseitig jede Miene und Bewegung auszulegen wissen«[17], aber er war für sie nur ein Freund voller bodenständiger Gesinnung, wie sein Eintrag am 2. April 1816 in ihrem schönen Freundschaftsbuch zeigt:

> Wie von unsichtbaren Geistern gepeitscht gehen die Sonnenpferde der Zeit mit unseres Schicksals leichtem Wagen durch. Uns bleibt nichts als muthig gefaßt die Zügel fest zu halten und bald rechts, bald links, vom Steine hier, vom Sturze dort, die Räder wegzulenken.[18]

Das Zitat, aus dem *Egmont* des Vaters, war eine direkte Botschaft an Ottilie und gleichzeitig die Summe der pragmatischen Lebenshaltung Augusts: Das Schicksal wird stets von höheren Mächten bestimmt, man kann nur versuchen, sich damit zu arrangieren und so eine Art Lebensglück finden. Eine dem romantischen Idealismus Ottilies fer-

16 Reliquien dieser Liebe bewahrte Ottilie als teure Andenken auf, z. B. eine bestickte Tasche, in der sich das Bild Heinkes und einige Patronen befanden (KSW, Museen, KKg/01045).

17 Oettingen 1912–1913, I, S. 210.

18 GSA,40/XXI,15, Bl. 16r. Vgl. auch Müller-Krumbach/Wollkopf 1995, S. 117.

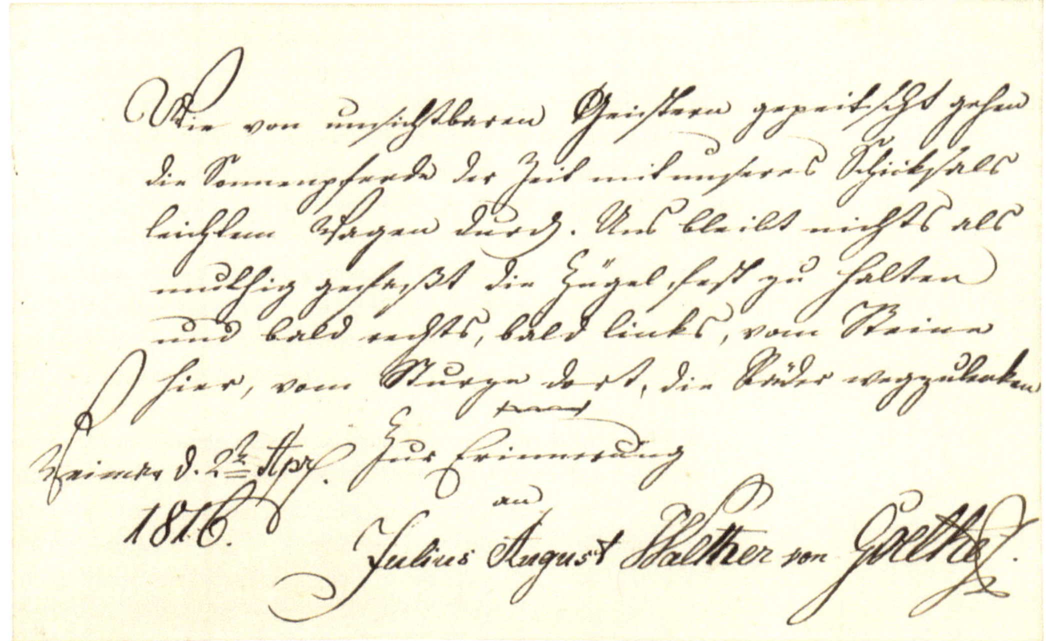

Wie von unsichtbaren Geistern gepeitscht gehen
die Sonnenpferde der Zeit mit unsers Schicksals
leichtem Wagen durch. Uns bleibt nichts als
muthig gefaßt die Zügel fest zu halten
und bald rechts, bald links, vom Steine
hier, vom Sturze dort, die Räder wegzulenken

Weimar d. 2te Apr. 1816.
Zur Erinnerung
an
Julius August Walther von Goethe.

Abb. 5 und 6

Stammbuch der Ottilie von Pogwisch, vor 1817 (KSW, GSA 40/XXXI,15) und *Stammbuchblatt von August von Goethe* (KSW, GSA 40/XXXI,15, Bl. 16r)

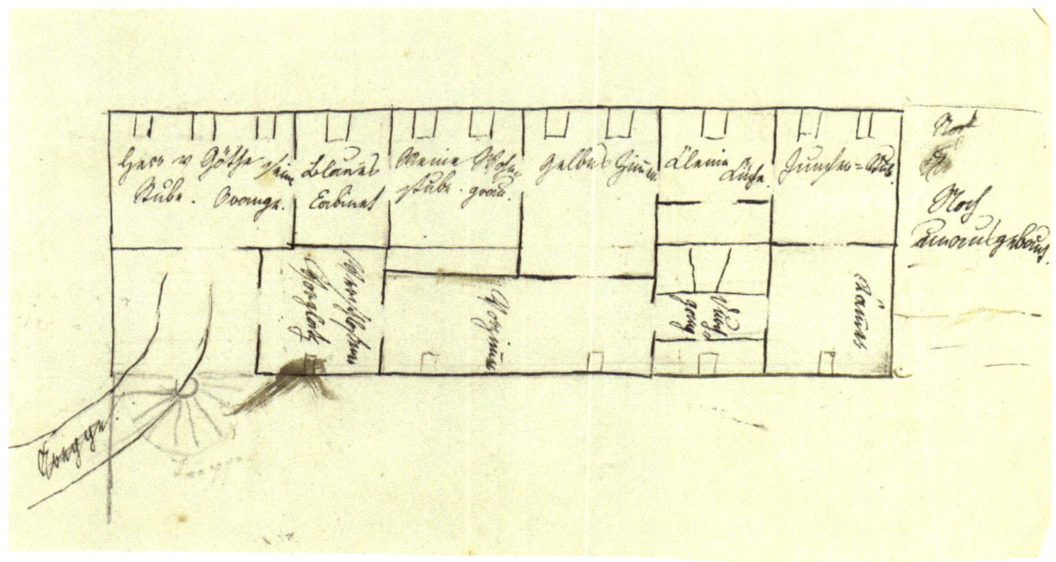

Abb. 7
Ottilie von Goethe, *Skizze der Mansarde am Frauenplan im Umbau*, Federzeichnung, 1817 (KSW, GSA 40/ XXXVIII,10)

nere Haltung hätte man schwer finden können! Und trotzdem: Durch die Annahme von Augusts Antrag traf Ottilie von Pogwisch eine Vernunftentscheidung – aus Hoffnung auf eine gesicherte Zukunft und auf Anschluss an eine neue Familie. Sie konnte auf eine gewisse Stabilität an der Seite eines grundsoliden Ehemannes rechnen und auf ein neues Heim im Haus des Dichterfürsten. Ab Februar 1817 setzten die Um- und Ausbauarbeiten im Haus am Frauenplan ein: Ottilie, die nie ein wirkliches Zuhause gehabt hatte, skizzierte nicht ohne Stolz ihrer Schwester Ulrike, die damals mit einem Onkel in Frankreich weilte, einen detaillierten Plan der zukünftigen gemeinsamen Wohnung: die Mansarde, ihr Salon!

Der Einzug der Ottilie von Pogwisch, verehelichte von Goethe, am 17. Juni 1817 veränderte das Leben am Frauenplan grundlegend:

> [M]it der Verheiratung des Sohnes August [begann] eine neue gesellige Gestaltung im Hause des Dichters. […] Ottilie, geb. Freiin v. Pogwisch, preußischen Geschlechtes, kriegerischer Herkunft und patriotischen Geblütes […] ergriff die Zügel des Hauses. […] Das Goethe'sche ward seitdem wieder den höhern Gesellschaftssphären geöffnet […]. Und bei alledem schwang ein Geist der Romantik seine Flügel […].[19]

Ottilie hatte alles andere als eine systematische Erziehung genossen: Neben dem Gesangsunterricht von Musikdirektor Carl Eberwein erhielt sie Privatunterricht in Französisch und Englisch, den ihr größ-

19 Kühne 1865, S. 275 f.

tenteils die Mutter erteilte, in Italienisch sowie in Geographie und Geschichte. Dieses Wissen ergänzte Ottilie durch umfassende Lektüren, vor allem durch romantische und insbesondere durch englischsprachige Literatur. Diese wurde in der inzwischen berühmten Mansarde im Haus am Frauenplan gelesen – dem Treffpunkt der jungen Generation in Weimar.[20] Die intellektuelle Welt des verehrten Schwiegervaters wurde zur ihrigen: »Der Papa hat die Schwiegertochter sehr lieb […]. Er theilt ihr alle Schätze mit, die er *con amore* hegt, oder hervorbringt; da sie geistvoll ist, hat sie große Freude dran«, so berichtetet Sophie von Schardt ihrem Neffen Fritz von Stein.[21] Aber auch Ottilies Anwesenheit und ihre aktive Teilnahme wurden für Goethe in mehrfacher Hinsicht unentbehrlich. Gewandt und mondän lenkte sie selbstbewusst die offene Geselligkeit des Hauses: Sie organisierte die großen Feierlichkeiten zum 50-jährigen Dienstjubiläum 1825 und Goethes Geburtstag 1829, aber auch das Ein und Aus der Besucher:innen und Verehrer:innen Goethes und vermittelte Audienzen. Sie wurde »die Schülerin, die geistige Tochter«, wie schon Gustav Kühne 1873 feststellte,[22] welche aufmerksam die Regieanweisungen Goethes bei repräsentativen Gelegenheiten befolge.[23] Sie wurde mit der Zeit aber auch Gesprächspartnerin, Leserin, Vorleserin und Kritikerin, und wirkte so an der intellektuellen Welt des ›Vaters‹ mit, »um ihm mit dem ganzen Zauber der Romantik frische geistige Nahrung zu bringen«[24] – weitaus lebendiger und tiefer, als die Zeitgenoss:innen damals und die Forschung bis heute erkannt haben.

Dichtung als Freiheitsraum

Ottilie von Pogwisch war mit der Literatur der Romantik aufgewachsen. Sie erlebte die Poesie als ein unentbehrliches, existenzielles Bedürfnis, als ein Mittel, ihre Gefühle auszudrücken und zu bewältigen, vor allem dann, wenn sie in der Realität nicht ausgelebt werden konnten. Das Dichten begriff sie als einen intimen Freiheitsraum, der ihre geistige Autonomie bestärkte und forderte. Die Poesie begleitete sie ihr ganzes Leben hindurch als Ventil und als Reflexionsmoment: Ihre Gedichte waren mit Eintragungen in ihrem Tagebuch verwoben oder entstanden spontan aus sehr emotionalen Momenten heraus. Sie wurden oft in aller Eile auf lose Blätter hingeworfen, von denen sich viele noch in ihrem Nachlass befinden. Manchmal wurden sie von Freund:innen gesammelt, die von ihrer phantasievollen dichterischen Gabe fasziniert waren.[25] Einige Texte wurden von ihr in eleganter Kalligraphie kopiert oder in speziellen Notizbüchern und Mappen zusammengestellt.[26]

20 Vgl. Winter 1840, S. 205.

21 Sophie von Schardt an Fritz von Stein am 4. August 1817, zit. nach Hein 2001, S. 80.

22 Kühne 1873, S. 274.

23 Vgl. Keil 1873, S. 850 f.

24 Kühne 1843, II, S. 25.

25 Vgl. die Erinnerungen des Musikers Ferdinand Hiller: »Sie hatte poetisches Talent (ich besitze einige sehr hübsche Gedichte von ihr), und lebte eigentlich nur in Kunst, Literatur […]«, zit. nach Hein 2001, S. 407.

26 Vgl. z. B. das Gedichtbuch, das sich heute in der Historischen Bibliothek der Stadt Rudolstadt befindet: Schütterle 2008–2009. Obwohl Ottilie von Goethe ein Platz unter den deutschen Dichterinnen und Schriftstellerinnen zuerkannt wurde (vgl. Groß 1885, S. 299 f.), wurden ihre Schriften nie in einer kritischen Edition veröffentlicht.

Abb. 8
Ottilie von Goethe, *Selbstdarstellung als Phantasie*, aquarellierte Figur, 1819 (KSW, GSA 84/II,4a)

Die gezielte dichterische Tätigkeit war aber auch Teil ihres Emanzipationsprojekts von jenen Regeln, durch welche die Gesellschaft der Restaurationszeit, insbesondere die Frauenwelt, eingeschränkt wurde. So entstand bereits 1816 die Idee, in Weimar einen *Musenverein* zu gründen – einen literarischen Kreis mit engen Freundinnen wie Adele Schopenhauer, Caroline von Egloffstein und Natalie von Herder.[27] Die Idee war einfach, aber revolutionär: Junge Frauen trafen sich regelmäßig, um Literatur zu lesen, zu kommentieren und aktiv zu produzieren, und zwar mithilfe bestimmter Themen, die von der Gruppe diskutiert und anschließend bewertet wurden. Ottilie hatte die Aufgabe, die Texte zu korrigieren und in Mappen zu sammeln. Diese sind hauptsächlich in der Newberry Library in Chicago überliefert und tragen phantasievolle Namen wie »Schaafgarbe und Gedankenstrich«, »Gedankenperücke, gepudert und frisiert von Ottilie von Pogwisch«, »Fortsetzung von der Schaafgarbe«, »Musenherbarium«. Einer dieser Texte, aus dem Jahr 1821, befindet sich heute im GSA und beginnt mit den Worten:

27 Vgl. Di Bartolo 2007 und Häfner 2009. Zur Freundschaft mit Adele Schopenhauer vgl. auch Fabbri/Häfner 2019.

> Erlaubt, geliebte Musenschwestern, daß ich Eure poetischen, philosophischen Blickke, von wichtigen Gegenstände, abzulenken suche, und auch bitte als Einleitung einen Auftritt aus meiner Kinderstube mittheilen zu dürfen; – Zwar weiß ich nicht, ob es als Muse erlaubt ist Kinder zu haben, doch da in dem Musengesetzbuch, welches ich mich stets bemühe durch Lyturgische Hinzufügungen zu verbessern, noch kein Artikel darüber vorfanden, so will ich einmal annehmen, es sei nicht gegen die mythologische Anständigkeit. – Ich befand mich also in der Kinderstube, und wer mich etwas maschinenmäßig fast eine halbe Stunde lang mit dem Breilöffel auf dem Tisch klopfen sah, hätte fast auf den unrichtigen Gedanken kommen können, daß ich gar nicht dachte. Doch der Genius folgt seinen Liebling überall in den gemeinsten Lokalen, und widrigsten Beschäftigungen; – so stand er auch mir zur Seite, und ich befand mich gerade in tiefem Nachsinnen über die Lösung der etwas wunderlichen Aufgabe ›der Musenstiefelknecht‹.[28]

Das Thema lag Ottilie von Goethe sehr am Herzen: die Behauptung ihres Rechts auf geistige Produktion trotz ihrer neuen Rolle als Ehefrau und Mutter. Es ist auch das Thema eines ihrer bekanntesten Gedichte, das sie zum Geburtstag ihrer Freundin Adele Schopenhauer am 12. Juni 1817 – wenige Tage vor ihrer Hochzeit mit August – verfasste. Darin parodiert Ottilie die Eigenschaften der vorbildlichen Ehefrau und Mutter, der Königin der Küche, die allen poetischen oder geistigen Ambitionen abhold ist:

> […]
> Willst Du den Ruhm der Häuslichkeit gewinnen
> Darfst Du an nichts denken, als kochen und spinnen, –
> Statt auf Epigramme oder ein Liebes-Gedicht
> Denke lieber an ein neues Gericht. –
> Die Wirtschaft werde Dein Steckenpferd,
> Und in nichts als in Saucen sei gelehrt! –
> […]
> Dies mein Kind ist der Weg, der von der lieben
> Mutter Natur Euch ward vorgeschrieben. –
> Kehre, o kehre, zum Haushalt zurück
> In der Küche da winkt Dir ein würziges Glück;
> Begeistert diesen Scepter ich erhebe,
> den mußt Du erlangen, den erstrebe.[29]

28 Aus dem Bestand des in Weimar geborenen Historikers Edwin Redslob: GSA 155/116.

29 GSA 40/XXIV,4 (in Oettingen 1912–1913, I, S. 333–336, irrtümlich nach dem Geburtsdatum Ottilies datiert).

In diesem Sinne waren die Aktivitäten des *Musenvereins* von grundlegender Bedeutung für die Schaffung einer intellektuellen Autonomie und die Stärkung des Selbstbewusstseins der jungen Teilnehmerinnen. Auf dieser Grundlage bildete sich auch später die Gruppe der Mitwirkenden an der Zeitschrift *Chaos*, in der viele der Gedichte, die zunächst nur dem kleinen Freundeskreis vorgestellt wurden, einer viel breiteren und kompetenteren Beurteilung unterzogen wurden.

Abb. 9
Ottilie von Goethe, *Die Büßenden*, gedrucktes Flugblatt, 1829, recto (KSW, GSA 40/XXVII,1)

Das Zusammenleben mit dem ›Vater‹ am Frauenplan gab Ottilie die Gelegenheit, mit der von ihr am meisten bewunderten poetischen Quelle in Berührung zu kommen: Schon 1817 kopierte sie eifrig »die Blätter des Divans«[30], die Goethe regelmäßig von seinen Aufenthalten auf den Dornburger Schlössern und in Jena nach Weimar schickte. Im Juni 1818 las sie begeistert das Gedicht »Urworte. Orphisch«, veröffentlicht 1820.[31] Im Juni 1820 schickte Goethe ihr das Manuskript von »Wer ist der Verräter?«, das er mit ihr besprochen hatte und das 1821 in die Erstausgabe von *Wilhelm Meisters Wanderjahre* Eingang fand. Dieser Ausgabe stellte Goethe ein Ottilie gewidmetes Gedicht voran.[32] Im Laufe der Zeit wurde Ottilie zu einer aufmerksamen Leserin von Goethes Werk. Ihre Rolle als Gesprächspartnerin intensivierte sich über die Jahre hinweg bis zur gemeinsamen Neulektüre von *Faust II,* in der Goethe Teile des Werks nach Gesprächen mit seiner Schwiegertochter umformulierte und erweiterte.

Dieser ständige Kontakt spiegelt sich auch in Ottilie von Goethes dichterischem Schaffen wider, das sich in Rhythmus und Stil immer mehr verfeinerte. Ihre poetischen Schöpfungen zirkulierten im engeren Freundeskreis, wurden aber auch von ihr in Form von Flugblättern im Rahmen einer besonderen Aufführungsform einem breiteren Publikum präsentiert: der Redoute oder dem Maskenball.[33] Die von Goethe geliebten Redouten waren ein regelrechtes Gesamtkunstprojekt: theatralisch geordnete Aufzüge von Maskengruppen, an denen Ballett, Pantomime, Musik, Kostüm und Dichtung Anteil hatten.[34] Da wir heute oft nur die deklamierten Texte kennen, ist es sehr schwer, einen Eindruck des Ganzen zu gewinnen. Glücklicherweise war ein anonymer Korrespondent der *Zeitung für die elegante Welt* Augenzeuge eines Maskenballs, den die englische Gemeinde in Weimar am 9. März 1829 im Stadthaus veranstaltete. Er vermittelt uns einen Eindruck von dem *Happening,* das »Göthe's geniale und humoristische Schwiegertochter«[35] inszenierte: Hier gibt eine als graue Pilgerin maskierte Ottilie durch ein gedrucktes Blatt ihre Gefühle preis und enthüllt gleichzeitig die soziale Maske, die jeder in der Komödie des Lebens trägt:

30 Oettingen 1912–1913, II, S. 27 f. Mehrere Abschriften befinden sich in ihrem eigenen Nachlass, aber auch in dem Caroline von Egloffsteins (GSA 13/246, Bl. 3).

31 Vgl. Oettingen 1912–1913, II, S. 29–31.

32 WA I,4, S. 19.

33 Einige Flugblätter sind noch in Ottilies Nachlass im GSA und in der HAAB erhalten. Die zu dieser Gattung gehörenden Texte »Bretzelfrau«, »Bretzellied«, »Feuer-Frau« wurden als unveröffentlichte Werke Goethes bei Düntzer 1856 (und in späteren, von ihm kuratierten Editionen des Goethe'schen Werkes) veröffentlicht.

34 Vgl. Düntzer 1886; Hecht 1968; Sauder 1996.

35 »Correspondenz und Notizen aus Weimar« in: *Zeitung für die Elegante Welt,* Nr. 58 (21.03.1829), Col. 463; Nr. 59 (23.03.1829), Col. 472; Nr. 60 (24.03.1829), Col. 479–480.

Die Büßenden.

Aus fernen Ländern, über Meereswogen,
Als Büßende seht ihr uns hergezogen,
Wallfahrtend durch die Welt für unsre Sünden,
Damit wir langentbehrte Gnade finden.

Ihr scheint zu staunen, was wir denn verbrochen?
Wir haben keinen hinterrücks durchstochen,
Auch eben nicht verwirkt, daß man uns hänge;
Wir sündigten im Kleinen, doch in Menge,
Ganz wie dieß liebenswürdige Gedränge.

Denn so wie ihr, so waren wir auch jung,
Und unsre Herzen machten uns zu schaffen.
Im Glauben schnell, war uns ein Blick genung,
Ein Wort genung, die Ruhe wegzuraffen.
Sodann gewitzigt, durch Betrug erzogen,
Verübten wir, was man an uns verübt,
Und manches Herz, so treu es uns geliebt,
Es war umsonst, es ward von uns betrogen.

Besonders ward dem Neuen nachgejagt,
In unsre Netze suchten wir's zu fangen.
Vor allen auch nach Gütern, die versagt,
Verspürten wir ein heftiges Verlangen:
Ein schöner Mann war bloß ein schöner Mann,
Wir ließen ruhig ihn bewenden;
Doch ruhten nicht, ihn schnell zu uns zu wenden,
Schloß er sich etwa einer Andern an.

Ich erblickte mehrere graue, Schatten ähnliche Gestalten, die, rückwärts von rosenfarbenen Flören umweht (sollten diese etwa die hinter ihnen liegende blühende Vergangenheit andeuten?), langsam durch die Menge schritten und [...] ein Gedicht in reicher Fülle austheilten, dessen Abschrift ich Ihnen hiermit ebenfalls sende. Es heißt:

Die Büßenden.

Aus fernen Ländern, über Meereswogen,
Als Büßende seht ihr uns hergezogen,
Wallfahrtend durch die Welt für unsre Sünden,
Damit wir langentbehrte Gnade finden.

Ihr scheint zu staunen, was wir denn verbrochen?
Wir haben keinen hinterrücks durchstochen;
Auch eben nicht verwirkt, daß man uns hänge;
Wir sündigten im Kleinen, doch in Menge,
Ganz wie dies liebenswürdige Gedränge.

Denn so wie Ihr, so waren wir auch jung,
Und unsre Herzen machten uns zu schaffen.
Im Glauben schnell, war uns ein Blick genug,
Ein Wort genug, die Ruhe wegzuraffen,
Sodann gewitzigt, durch Betrug erzogen,
Verübten wir, was man an uns verübt,
Und manches Herz, so treu es uns geliebt,
Es war umsonst, es ward von uns – betrogen.

Besonders ward dem Neuen nachgejagt,
In unsre Netze suchten wir's zu fangen.
Vor allem auch nach Gütern, die versagt,
Verspürten wir ein heftiges Verlangen;
Ein schöner Mann war bloß ein schöner Mann,
Wir ließen ruhig ihn bewenden;
Doch ruhten nicht, ihn schnell zu uns zu wenden,
Schloß er sich etwa einer andern an.

So fehlten wir, unschuldig, Jahre lang.
Von bösem Leumund hielten wir uns ferne;
Doch wenn aus liebem Mund ein Lob erklang
Von einer Andern, hörten wir's nicht gerne.
Wir thaten wohl, als stimmten ganz wir bei;
Doch unvermerkt, fast unserm Wunsch entgegen,
Entfuhr ein Wink uns, Zweifel zu erregen,
Daß die Gepries'ne doch kein Engel sey.

So ist das Herz, so seyd Ihr eben auch,
So waren wir, so sind wir eben alle;
In England, Schottland ist es so der Brauch,
Irland und Weimar sind in gleichem Falle.
Wir aber schon genießen höh're Gnade,
Weil unsre Sünden wir erkannt und büßen;
Ihr sündigt fort mit heiterstem Gewissen
Als Masken selbst auf dieser Maskerade.[36]

Übersetzungen als Sprachereignis

»The language of the heart« – so bezeichnet Ottilie von Goethe im Freundschaftsbuch der polnischen Klaviervirtuosin Maria Szymanowska die englische Sprache,[37] die für sie seit ihrer Jugend mit der Welt der Träume und der Gefühle verbunden war. Unter den englischen Autor:innen war sicher Lord Byron in der ersten Phase ihres Lebens derjenige, den sie am meisten verehrte,[38] und ihre Begeisterung spielte sicher auch eine wichtige Rolle in den Gesprächen mit dem Schwiegervater. Im Frühjahr 1816 begann Goethe sich für Byrons Werke zu interessieren, und das Zusammenleben mit seiner Schwiegertochter, die schon im Juli 1817 Karl Ludwig von Knebel zu einer Übersetzung von Byrons *Farewell* bewegen wollte,[39] begünstigte den Austausch über die Werke des englischen Autors. Im Herbst 1817 versuchte sich Goethe selbst an einer Übersetzung des *Manfred*[40] und schrieb drei Jahre später eine sehr positive Besprechung des Werks in *Ueber Kunst und Alterthum.*[41] Darauf folgte eine Rezension des *Don Juan*, »[e]in grenzenlos-geniales Werk«,[42] sowie die Lektüre (mit Übersetzungsversuch) von *English Bards and Scotch Reviewers* im Januar 1821.[43] Byron selbst besuchte nie das Haus am Frauenplan, aber die persönliche Widmung für den Dichterfürsten, die 1821 die Ausgabe des *Sardanapalus* hätte schmücken sollen, schickte Byron über den befreundeten Philologen Georg Friedrich Benecke an Goethe. Diese Gabe erfüllte den Empfänger mit Stolz und Freude.[44] Im Juni 1823 stellte sich am Frauenplan Charles Sterling, Sohn des englischen Konsuls in Genua, mit einem Empfehlungsschreiben des seit 1822 in der ligurischen Hafenstadt lebenden Byron vor. Der 19-Jährige sollte eine wichtige Rolle in der Familie Goethe spielen – für Ottilie, die über Jahre verliebt in den jungen Engländer war, aber auch für den Dichter. Dank Sterlings Vermittlung kam Goethe in direkten Briefkontakt mit Byron, kurz bevor dieser seine verhängnisvolle Reise von Livorno aus in Richtung Griechenland unternahm, auf der er den Tod fand.

36 Ebd., Col. 479–480.

37 Barbanti Tizzi 2007, S. 84 f. Die Virtuosin war vom 23. Oktober bis 5. November 1823 in Weimar und oft Gast im Haus am Frauenplan.

38 Schon ihre Mutter Henriette hatte mit großer Begeisterung Byron gelesen, vgl. [Goethe] 1852, S. 27.

39 Hein 2001, S. 79.

40 WA I,3, S. 199–203.

41 WA I,41.1, S. 189–193.

42 WA I,41.1, S. 245–249.

43 Butler 1956, S. 85.

44 Vgl. Butler 1956, S. 74 f.; Goethe sammelte Byrons Autographen in einem roten Portefeuille, heute GSA 28/232.

Der Brief, den Byron am 23. Juli 1823 an Goethe geschrieben hatte, um sich für das übersandte Gedicht »Ein freundlich Wort« zu bedanken, wurde von seinem Sohn August am 11. August nach Marienbad weitergeschickt, zusammen mit einem begeisterten Schreiben Ottilies:

> Nie lieber Vater fand ich den Zufall so gallant und genial, als er sich diesmal bewies, Ihre Worte noch in Livorno in Byrons Hände zu führen [...]. Es ist schön wenn auf der höchsten Höhe die die Erde kennt, auf dem geistigen unsterblichen Thron, der Dichter einen Ebenbürtigen findet, und der Lorbeer eine Brückke wölbt über trennende Länder und Nationen. Es ist schön wenn der Dichter, der so hoch über der Menschenmasse steht, dennoch so menschlich schön empfindet, daß er ein anderes Bindungswort als den Ruhm verlangt ihn mit dem befreundeten Geiste zu verknüpfen. [...] [I]ch sehe mit doppelter Ungeduld Ihrer Zurückkunft entgegen, da [...] Schätze vor mir angehäuft liegen, die ich gar zu gerne vor ihren Blicken entfalten möchte, 5 Gesänge des *Don Juan, Cain, Earth and Heaven*, dies alles ist jetzt in meinem Besitz, und an nichts erfreute ich mich ohne Ihrer dabei zu gedencken. [...] Sehen Sie lieber Vater, dieser *Cain,* der als so verderblich, als unmoralisch u. irreligiös geschildert wird, gab mir vielleicht zum erstenmahl die Furcht des Unrechts – und stundenlang weinte ich über die letzten drei Worte, die nur drei Worte sind, aber in diesen drei Worten eine Welt des Gefühls, der Verzweifelung und der Oede. Kurz lieber Vater den Tag wo ich *Cain* lese brauche ich nicht in die Kirche zu gehen.[45]

Ab September 1823 las Goethe mit Bewunderung *Cain*, *Heaven and Earth, The Island* sowie *The Vision of Judgement.* Er schloss seine Besprechung von *Cain* am 19. Februar 1824 ab und veröffentlichte sie in *Ueber Kunst und Alterthum.* Als Schluss seines Beitrags zitiert Goethe Ottilies Bemerkung, die ihn in Marienbad erreicht hatte: »Hier äußerte nun eine geistreiche, in Hochschätzung Byrons mit uns verwandte Freundin: alles was religiös und sittig in der Welt gesagt werden könne, sey in den drey letzten Worten des Stücks enthalten.«[46]

Es überrascht also nicht, dass sich Goethe und seine Schwiegertochter am 11. März 1824, drei Tage nach Ottilies Rückkehr von einem zweimonatigen Aufenthalt in Berlin, schon wieder über Byron unterhielten: »Mittag mit Ottilien und Walthern. Ich ging mit ihr die Anrufungen der Engel durch«[47], schrieb Goethe an jenem Tag in sein Tagebuch und meinte damit Ottilies Übersetzungsversuch des Anfangs von *Heaven and Earth.*[48] Die Übertragungsarbeit war sicher für Goethe

45 GSA 28/357, Bl. 19 f., erstmals in Hein 2001, S. 118 teilediert.

46 WA I,41.2, S. 94–99 und FA I.22, S. 933.

47 WA III,9, S. 190.

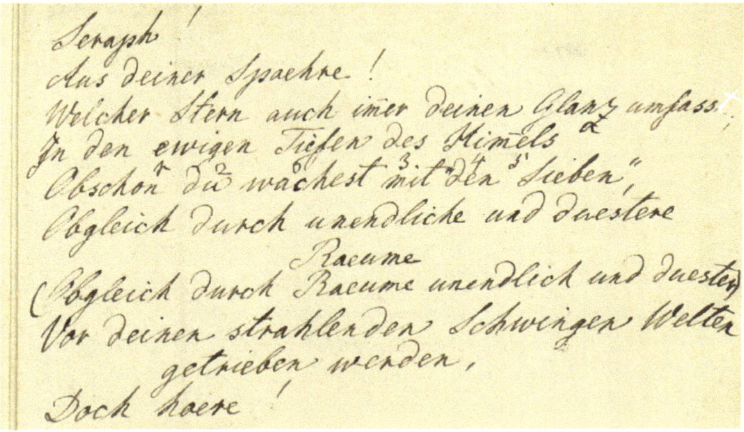
Seraph!
Aus deiner Sphaehre!
Welcher Stern auch imer deinen Glanz umfass;
In den ewigen Tiefen des Himels
Obschon du wachest mit den sieben,
Obgleich durch unendliche und duestere Raeume
(Obgleich durch Raeume unendlich und duester)
Vor deinen strahlenden Schwingen Welten getrieben werden,
Doch hoere!

Abb. 10
Ottilie von Goethe, Übersetzung von Lord Byrons *Heaven and Earth*, 1824 (KSW, GSA 40/XXV,1,6, Bl. 10r)

entstanden (wie Reinschrift und Variationen bezeugen), aber die Wahl des Themas mit einem verzweifelten Liebesschrei, der von der Erde zu den Sphären der Engel aufsteigt, spricht für eine gezielte Entscheidung Ottilies. Die gemeinsame Begeisterung für Byrons Werk wurde zu einem grundlegenden Element im intellektuellen Austausch zwischen Ottilie und ihrem Schwiegervater, besonders nach dem Tod des englischen Dichters.[49] Goethe veröffentlichte sein Gedicht »Stark von Faust«, in dem er Byron als griechischem Freiheitshelden huldigte, in Ottilies Zeitschrift *Chaos,*[50] und auch die letzte Erwähnung Byrons in Goethes Tagebuch am 26. Dezember 1831 zeigt beide im Byron-Kult vereint: »Nach Tische mit Ottilie. Die Lithographien zum Don Juan besehen.«[51]

Übersetzungsübungen, für Goethe »eins der wichtigsten und würdigsten Geschäfte in dem allgemeinen Weltwesen«[52], wurden auch für Ottilie ein unersetzliches Mittel, um Ausgangs- und Zielsprache poetischer Produktion zu entdecken und zu erkunden. 1826 kam der britische Diplomat Charles Des Voeux nach Weimar, um Deutsch zu lernen. Ottilie bewegte ihn zur Übersetzung von Goethes *Tasso* sowie von einzelnen Gedichten verschiedener deutscher Autor:innen, an welcher sie dann selbst engagiert mitarbeitete:[53] Die Arbeit erschien unter dem alleinigen Namen Des Voeux' in einer ersten Ausgabe im Jahr 1827. Sie wurde generell positiv aufgenommen, wenn auch Thomas Carlyle scharfe Kritik übte. Des Voeux und Ottilie von Goethe planten sofort eine neue verbesserte Ausgabe, die fast im Alleingang von Ottilie erstellt wurde, weil Des Voeux sich auf diplomatischer Mission im Ausland befand und die gemeinsame Arbeit fast ausschließlich per Briefwechsel erfolgte. Diese Ausgabe nahm immer romantischere Züge an und umfasste Übersetzungen von Franz Grillparzer,

48 GSA 40/XXV,1,6, ediert in Brandl 1899, S. 18–21.

49 Byrons Büste von Jean-Jacques Flatters (KSW, Museen, GPl/00207), die am Frauenplan zu bewundern war (vgl. Scott 1949, S. 338), wurde nach 1832 in Ottilies Räumen aufgestellt.

50 Vgl. *Chaos* I/8 (hier und nachfolgend Jg./Heft angegeben).

51 WA III,13, S. 195.

52 Brief an Thomas Carlyle am 20. Juli 1827, in: WA IV,42, S. 270.

53 Vgl. Willoughby 1914b; Trübner 1973 und Maierhofer im vorliegenden Band.

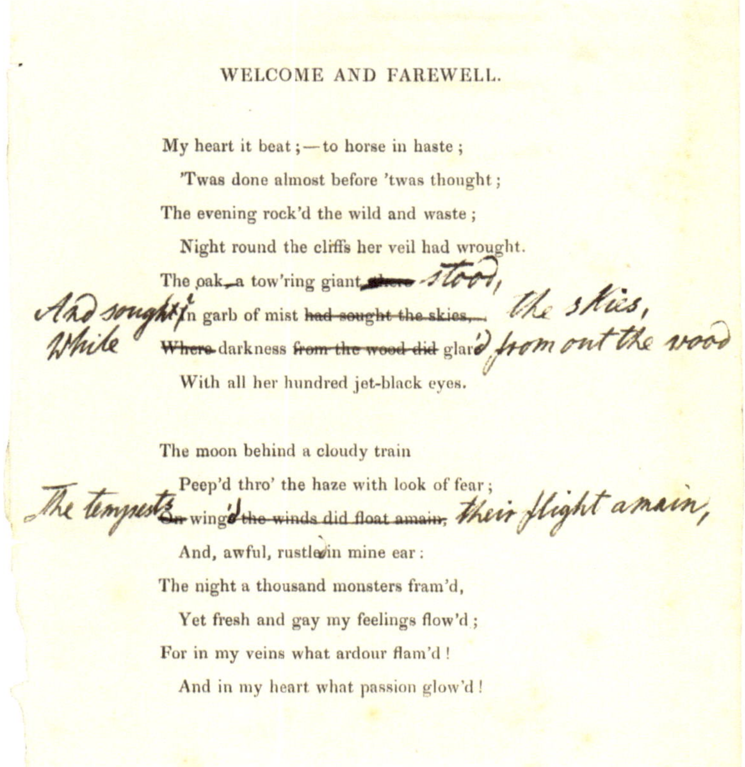
WELCOME AND FAREWELL.

My heart it beat;—to horse in haste;
'Twas done almost before 'twas thought;
The evening rock'd the wild and waste;
Night round the cliffs her veil had wrought.
The oak, a tow'ring giant, there stood,
And sought in garb of mist had sought the skies,
While Where darkness from the wood did glar'd from out the wood
With all her hundred jet-black eyes.

The moon behind a cloudy train
Peep'd thro' the haze with look of fear;
The tempests On wing'd the winds did float amain, their flight amain,
And, awful, rustle in mine ear:
The night a thousand monsters fram'd,
Yet fresh and gay my feelings flow'd;
For in my veins what ardour flam'd!
And in my heart what passion glow'd!

Abb. 11
Ottilie von Goethe, Fahnenkorrekturen für die englische Edition von Goethes *Tasso* und andere deutsche Gedichte, 1833, S. 291 (KSW, GSA 40/XXV,4,1)

Heinrich Heine und Zacharias Werner.[54] Ottilie von Goethe wurde hier zunehmend zur stillschweigenden Hauptherausgeberin. Den finalen Druck des 1833 in Weimar erschienenen Werks musste sie allein bezahlen, weil Charles Des Voeux im Alter von nur 31 Jahren plötzlich verstorben war.

Mut zum Chaos

> Seit vorgestern liebe Adele habe ich den Leuten, damit sie nicht wie ich gänzlich einschlafen, vorgeschlagen eine weimarische Zeitung in Manuscript herauszugeben. Sie wird Chaos genannt, und die Artikel bestehen in allen Sprachen; jeder hat einen angenommenen Nahmen. Ich bin natürlich Redacteur. […] Da ich Direktor bin, so wähnst Du wohl, daß ich selbst in einem Chaos Gesetze gebe. Das Erste ist das nur Mitarbeiter das Blatt lesen können, das Zweite […], das nur Personen, die in Weimar einmal gewesen sind, Beiträge liefern dürfen.[55]

54 Die heute im GSA aufbewahrten Manuskripte lassen die jeweiligen Anteile der beiden nicht genau erkennen: vgl. GSA 40/XXV,3; XXV,4; XXV,5; XXV,6. Einige Gedichte befinden sich auch in GSA 40/XXV,1,3 und GSA 40/ XXVII,3.

55 Ottilie von Goethe an Adele Schopenhauer am 30. August 1829, GSA 40/XXII,3,1, Br. 30; vgl. auch Hein 2001, S. 199 f.

Ottilie von Goethes Brief vom 30. August 1829 an ihre Kindheitsfreundin Adele Schopenhauer, die im Sommer desselben Jahres mit ihrer Mutter nach Unkel am Rhein gezogen war, berichtet von der öffentlichen Präsentation des *Chaos*-Projekts zu Goethes 80. Geburtstag, als internationale Besucher die Stadt beehrten.[56] Zur Entstehung der Zeitschrift gibt es unterschiedliche Gründungsgeschichten. So berichtet Karl von Holtei: »Vielleicht waren es meine Erzählungen von unserer Berliner Schnee- und Thee-Zeitung, die Frau Ottilie anregten, einen ähnlichen Plan für Weimar zu fassen […].« Friedrich Förster erinnert sich: »Wegen des wirren Durcheinander der ersten, im Manuscript Goethe vorgelegten Aufsätze, und wegen der Betheiligung von Mitarbeitern der verschiedensten europäischen und außereuropäischen Blätter hatte der Dichter, als man ihn bat, dem Kindlein einen Namen zu geben, es ›Chaos‹ getauft.«[57]

In dem Brief an Adele fasst Ottilie von Goethe die Besonderheiten der Unternehmung zusammen: an erster Stelle deren Unabhängigkeit von den Gesetzen des Marktes. »Manuscript« bedeutet nicht, dass das Journal für einige Zeit handschriftlich zirkulierte (wie oft in der Forschung behauptet), sondern dass es ein privater Druck ohne kommerzielle Absichten war. Die Hefte wurden an die Mitarbeiter:innen verschickt, denen es gelungen war, ihren Beitrag im *Chaos* drucken zu lassen und damit Teil der stetig wachsenden »chaotischen« Community wurden. Nur wer publiziert wurde, durfte das Blatt lesen, sollte aber zugleich anonym bleiben. Mitarbeiter:innen waren also zugleich Leser:innen, und im ständigen Versuch, die Autor:innen zu enthüllen, nahmen die Leser:innen die Texte in immer neuen Verbindungen und Deutungen wahr. Die Redaktion tagte in Ottilies Mansarde am Frauenplan. Die Zeitschrift bestand aus zwei Folioblättern, die vier Seiten in Quart ausmachten. Trotz seiner begrenzten Mittel war *Chaos* ein mutiges und ehrgeiziges Projekt, das die literarische Theorie der *Sympoesie* der Jenaer Frühromantik umsetzte.[58] Die Sonntagszeitschrift erschien zwischen dem 13. September 1829 und dem 12. Februar 1832 und war ein kollektives Produkt – das Gemeinschaftswerk eines besonderen, in und um Weimar wirkenden Kosmos. Die Hofgesellschaft, die vielen Gesandten, die französischsprachige Gruppe um den Prinzenerzieher Frédéric Soret, die englischen Studenten, die seit 1820 die Stadt an der Ilm als literarisches Mekka aufsuchten, die bürgerlichen Verlegerfamilien in Weimar und Jena, die Professoren der Universität Jena, Goethes intellektuelle Kreise, die internationalen Gäste der Stadt und die junge Generation der Freundinnen Ottilies – alle konnten mitwirken und sandten ihre Texte (Prosa, Poesie, Briefe, Tagebücher, wissenschaftliche und pseudowissenschaftliche Beiträge, Charaden und Rätsel) in der Sprache ein, die sie beherrschten. Ottilie war das Bindeglied zwischen

56 Besucher waren u. a. der polnische Dichter Adam Mickiewicz (vgl. Barbanti Tizzi 2007, S. 131–157 und GSA 40/XXVII,7) mit dem Lyriker Antoni Edward Odyniec sowie der französische Bildhauer David d'Angers mit dem Schriftsteller Victor Pavie.

57 Zitiert nach Hein 2001, S. 195 und 197.

58 Vgl. Pnevmonidou 2015 und 2018.

den verschiedenen gesellschaftlichen Schichten in Weimar. Darüber hinaus hatte sie ihre Freundinnen aufgefordert, über den *Musenverein* literarisch produktiv zu werden, und wirkte selbst als »Redakteur, Censor, und Korrektor«[59] in Personalunion.

Eine Mitarbeit setzte folgende Bedingungen voraus: mindestens eine Nacht in der Stadt an der Ilm verbracht zu haben (eine großartige Idee, um die Stadt für neue intellektuelle Kräfte attraktiv zu halten), nur eigenes unveröffentlichtes Material an die Redaktion, d. h. an Ottilie, zu liefern[60] und bereit zu sein, den eigenen Namen zu kaschieren. Maskiert durch ein Pseudonym konnte man sich frei fühlen, Wahrheiten und Gefühle offen auszusprechen. Die Anonymität gestattete es, die hinderlichen sozialen Hierarchien sowie die Kluft zwischen den Geschlechtern zu überwinden und damit geistige Freiheit zu erlangen. Die verschleierte Identität bedeutete zugleich eine changierende, temporäre Identität, abhängig vom Kontext und dem produzierten Text: Niemand außer der Redakteurin wusste, wer die oder der andere war, mit dem sie oder er z. B. ein poetisches Wortgefecht oder einen Briefwechsel im *Chaos* initiiert hatte. Sogar Goethe beugte sich amüsiert den besonderen Regeln des »höchst originellen Journal[s]«[61], wie er die Zeitschrift im Gespräch mit Eckermann nannte. Er sandte selbst mehrere Texte ein[62] und warb eifrig unter seinen Freunden und Korrespondenten um Mitarbeit.

Der ausgewählte Titel der Zeitung war *per se* Programm: Nach Schlegel und Novalis ist Chaos nicht als Vernichtung von Ordnung zu verstehen, sondern als parallele und alternative Schöpfung, die Komplexität generiert. Der Schriftsteller Karl von Holtei, der ebenfalls an den Feierlichkeiten für Goethes Geburtstag teilnahm, resümierte die programmatischen und poetologischen Neuigkeiten in einem Gedicht, das Ottilie als Prolog des ersten Hefts wählte:

> Ihr staunt vielleicht, dass ich mich Chaos nenne?
> Ihr Menschen!? – Weil Ihr Form und Regel sucht
> Und zweifelnd lächelt, wo die beiden fehlen. […]
> Hier ist kein Wählen mehr. In's offne Meer
> Des wüsten, bunten Dranges müsst Ihr springen;
> Hier gilt kein Ansehn des Geschlechts, des Landes,
> Kein Name selbst; denn unbekannt muss jeder,
> Vermummt in fremden Namen muss er schwimmen,
> Und auch den kühnsten Schwimmer lohnt kein Ziel.
> »Ein planlos Treiben, ein fantastisch' Drängen!«
> Und nie ertönt der Ruf: es werde Licht!
> Nie werden sich die weiten Massen sondern,
> Chaotisch liegt die Zukunft vor uns da. […][63]

59 Winter 1840, S. 205. Ab Dezember 1829 wurde Ottilie von Frédéric Soret, John Parry und Johann Peter Eckermann bei der Korrektur unterstützt.

60 1830 wurde die Regel eingeführt, Beiträge im vierteljährlichen Rhythmus zuzusenden.

61 Zit. nach Otto/Schmidt 1999, S. 176.

62 Vgl. Hoffmann 2009, S. 471 f. Einige der hier Goethe zugeschriebenen Texte (S. 559) stammen aber von anderen *Chaos*-Autor:innen.

63 Zit. nach *Chaos* (I/1). Holteis Autograph in GSA 40/XXXII,1,1, Bl. 1. Die *Chaos*-Texte werden hier nach dem Druck wiedergegeben.

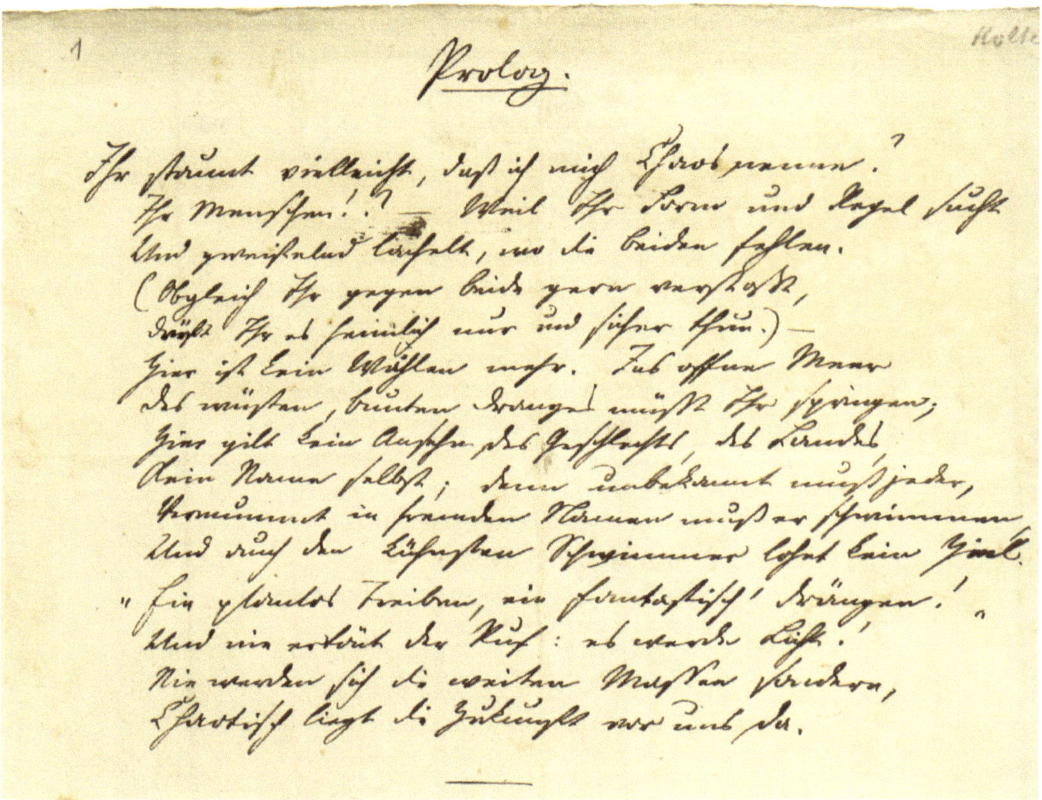

Chaos war ein literarisches und soziales Projekt von großem Ehrgeiz. Es bildete einen romantisch geprägten Rahmen, der es ermöglichte, alle Schranken von Nationalität, Klasse, Genealogie und Geschlecht aufzuheben und, im kreativen Prozess des Schreibens, neue Identitäten zu schaffen, eine individuelle Befreiung in Gang zu setzen. Friedrich Schlegels Idee der Vereinigung von Chaos und Liebe zur schöpferischen Kraft, um die Entstehung des Schönen zu ermöglichen, wird von Ottilie von Goethe aufgegriffen und mit dem Begriff der Weltliteratur des ›Vaters‹ verbunden. *Chaos* wird so zu einer transkulturellen Plattform für kreative und kollaborative Prozesse mittels der vielfältigen Übersetzungen und verschiedenen Sprachen, in denen hier veröffentlicht wird: neben Deutsch, Französisch, Englisch, Italienisch und Spanisch sogar Latein und Altgriechisch. Die heiteren Reime des befreundeten Jenaer Übersetzers Johann Diederich Gries feiern das *Chaos*-Projekt als eine Möglichkeit, die Muttersprache in Konfrontation und Austausch mit anderen Sprachen neu zu denken. Ottilie von Goethe und ihre mehrsprachige Gesellschaft werden hier zu Aposteln einer neuen Ära, zu der sich alle

Abb. 12
Karl von Holtei, *Prolog* zum 1. Heft der Zeitschrift *Chaos*, 1829 (KSW, GSA 40/ XXXII,1,1)

Mitarbeiter:innen berufen fühlten, um gemeinsam von Weimar aus durch die Freude an den Sprachen eine neue, offene Welt zu erschaffen:

Nachdem der Herr sechs Tage sich geplagt,
Um aus dem Chaos eine Welt zu bauen,
Ruht er am Sonntag aus und sagt:
Das Ding ist doch nicht übel anzuschauen!
Du aber hältst sechs Tage Rast
Und fühlst am Sonntag erst ein Drängen
Die Welt und was sie in sich fasst
Zum Chaos wieder einzumengen.
Und keiner weiss nun, ob ihm Gottes Welt,
Ob ihm Dein Chaos mehr gefällt.
—
Brittisch, Gallisch und Italisch,
Daran scheint es nicht zu fehlen.
Wüsst' ich etwas Kamtschadalisch,
Möcht' ich wirksam mich empfehlen.
Ach, ich freute mich zu Tode,
Könnt' ich Türkisch redebrechen!
Aber Deutsch ist aus der Mode,
Und ich weiss nur Deutsch zu sprechen.
—
Geduld, verlass Dich auf mein Wort,
Gar Vieles ändert sich auf Erden;
Und geht's nur so ein Weilchen fort,
Wird bald das Deutsche hier am Ort
Als fremde Sprache Mode werden.
—
Vom Baume fällt das letzte Blatt,
Die Flur deckt hohen Schnees Lage
Die Schlitten klingen durch die Stadt;
Man sieht, es nah'n die Weihnachtstage.
Doch trittst du zum Salon herein
Und hörst bei Thee und süssem Wein
Zehn Sprachen durcheinander schrei'n:
So zweifelst du nicht im Geringsten:
Wenn draussen Weihnacht, h i e r Pfingsten.
—
Manches lässt die Zeit uns sehn,
Was uns einst gedäucht als Fabel.
Sonst hiess Weimar Deutsch-Athen,
Jetzo ist's das Deutsche Babel.[64]

64 Zit. nach *Chaos* I/12. Gries' Autograph in GSA 40/XXXII,2,2, Bl. 1.

Die Stimme des *Chaos* festigte »Weimar und was geistig dazu gehörte«[65] als Kulturraum und konnte auch weit entfernte Teile Europas erreichen, wodurch ein in sich geschlossenes Netz der Auserwählten entstand: *Chaos* war das Produkt einer Gemeinschaft und schuf selbst eine unteilbare Gemeinschaft. Dies ist auch das Thema des Entwurfs, der kurz nach der Gründung der Zeitschrift zum Titelblatt bestimmt wurde – vielleicht auf Anregung Goethes: »Das Titelblatt wird, wie man Windrose zeichnet, eine Ortrose als Vignette bringen, wo auf den Strahlen die Orte bezeichnet sind, wo sich die Mitarbeiter aufhalten«, schrieb er an Zelter.[66]

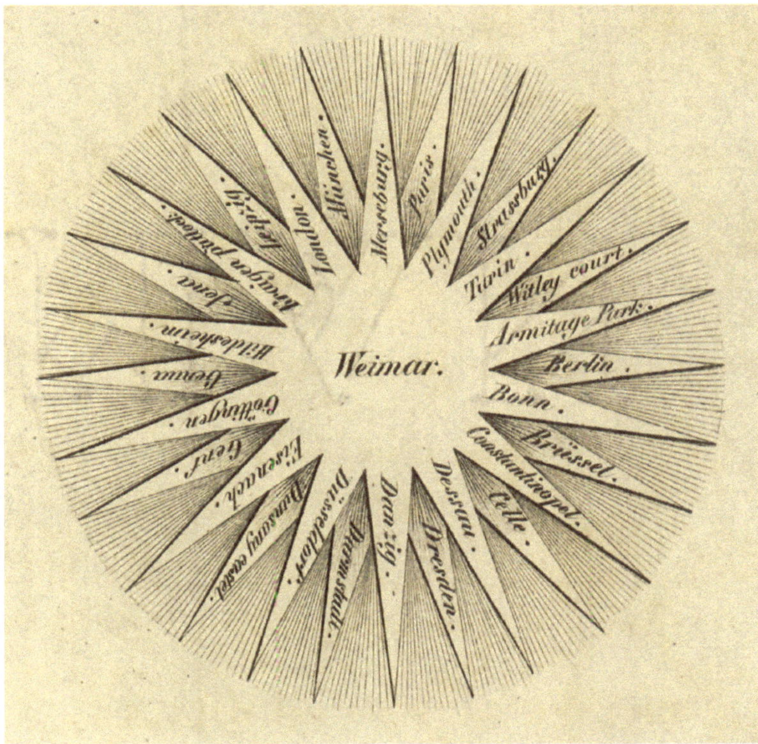

Abb. 13
Titelblattvorlage für die Zeitschrift *Chaos*, Druck, 1830 (KSW, GSA 06/2729)

Wir wissen nicht, warum diese Idee zurückgestellt wurde, vielleicht, weil in der Zwischenzeit Robert Froriep, Jenaer Medizinstudent und später Professor für Pathologie an der Universität Berlin, eine alternative Zeichnung schuf, die Ottilies Idee noch poetischer Ausdruck verlieh. Hier ruht die ermattete Nymphe der Poesie rechts auf einem Felsen, während die Trompete des Ruhms an ihrer Seite liegt und der Lorbeerbaum kaum Blätter trägt. Links, auf dem anderen Felsen,

65 Holtei 1845, S. 143 f.

66 Goethe an Carl Friedrich Zelter am 5. Oktober 1830, WA IV,47, S. 275.

Abb. 14

Robert Froriep, Titelblatt für die Zeitschrift *Chaos*, Druck, 1830 (KSW, GSA 40/XXXIII,2,2)

blickt ein ›Wilder Mann‹ (Schildhalter des preußischen Wappens und hier Symbol für die deutsche Kultur) sinnierend auf die Poesie und verbündet sich mit dem englischen Leoparden und dem gallischen Hahn an den Füßen eines Baumes, dessen Äste und Zweige voll von Liebessymbolen sind und dessen Wurzeln von einer fröhlichen Gruppe kleiner Menschen gegossen und genährt werden. Im Hintergrund ist die Silhouette Weimars an den drei Türmen von Jakobskirche, Stadtkirche und Schloss leicht auszumachen. Die Botschaft ist hier klar: Die Begegnung zwischen Sprachen und Kulturen und die Kraft der Liebe als transnationales Element hauchen der Stadt und der Dichtung neues Leben ein. Das Bild umrahmt ein anonymes Gedicht, das in einer besonders kunstvollen gotischen Schrift gedruckt und als magisches Ritual, als Initiationsformel, formuliert ist:

Du sollst u: musst ungedrucktes bringen,
  Rühre die Feder, rühr' sie,
Und all' drei Monde sollst wieder singen,
  Rühre die Feder, rühr' sie,
Doch liebst Du einst des Chaos Kranz,
So hüt' dich je es selbst in Glanz
  In fremdem Blatt zu nennen.
Bekömmst das Chaos du dann sonntäglich,
  Birg' es vor jedem, birg' es
Dass ander'n, je es zu sehn, unmöglich,
  Birg' es beharrlich, birg' es
Und acht'st du eifrig diesen Brauch
Und warst in Weimar früher auch
  So seyst du Chaos Mitglied.

Bei einigen *Chaos*-Exemplaren lassen sich an handschriftlichen Vermerken der früheren Besitzer:innen mehr oder weniger sicher die Autor:innen ermitteln. Das trifft auch auf die Manuskripte zu, die sich noch im Nachlass der Herausgeberin in Weimar und Chicago befinden – das macht Ottilies Nachlass zur wahren Fundgrube für Autographensucher:innen. All diese Vermerke ermöglichen es heute, viele der Protagonist:innen dieses Abenteuers und ihre Beiträge zu identifizieren.[67] Obwohl *Chaos* als »Dampfmaschine zur Weckung des Talents«[68] konzipiert war, hat die Forschung vor allem die Beteiligung der »großen Namen« hervorgehoben, u. a. Goethe, Sulpiz Boisserée, Adelbert von Chamisso, Friedrich Förster, Friedrich de la Motte Fouqué, Friedrich von Matthisson, Karl Wilhelm Göttling, Karl Ludwig von Knebel, August von Platen, Felix Mendelssohn Bartholdy, oder sich auf biographische Details konzentriert. Diese ließen sich anhand der

67 Vgl. Brandis 1913/1914; Fink 1968; Hein 2001, S. 229–243.

68 Kretschmann 1891a, S. 22.

Gedichte von August von Goethe, der unter dem Pseudonym Adoro veröffentlichte, und von Ottilie selbst rekonstruieren. Erst in jüngster Zeit wurden der eigentliche Wert und die radikale Neuheit des mutigen Projekts anerkannt.[69] Mut zum Sprachaustausch und zum Sprachexperiment, Mut zum poetisierenden Alltag, Mut zur Befreiung des Ichs, Mut zum Identitätswechsel und schließlich und endlich Mut zum Chaos als dem phantasievollen Ideal eines immer lebendigen und pulsierenden Kosmos' von Gedanken, Anregungen und Gefühlen.

Frauenstimmen und Anonymität in *Chaos*

Am 9. Januar 1830 erschien in der *Damen-Zeitung. Ein Morgenblatt für die elegante Welt* ein interessanter Bericht über das geistige Leben Weimars. Darin konnte man auch Folgendes lesen: »Unter dem Siegel der Verschwiegenheit [...] besteht seit mehreren Monaten hier ein Journal, unter dem sehr passenden Titel ›Chaos‹ [...] die Redaction [ist] von weiblicher Hand (man nennt Goethes Schwiegertochter als solche) und die meisten Mitarbeiter [sind] Damen«.[70] Die starke weibliche Beteiligung an einer Zeitung war an sich schon beachtlich – und heute wissen wir, dass von den rund 100 Teilnehmer:innen am *Chaos* mehr als ein Viertel Frauen waren – aber die wesentliche Neuerung war, dass die Zeitschrift »unter dem Siegel der Verschwiegenheit« verlegt wurde und dass nur die Redakteurin und Herausgeberin Zugang zur sensiblen Information der Autor:innenschaft hatte. Die Generation der im 18. Jahrhundert geborenen und im ersten Viertel des 19. Jahrhunderts aufgewachsenen Frauen (sicherlich die Mehrheit der Leserinnen der *Damen-Zeitung*) hatte immer die Karikatur der gelehrten Frau als Schreckensbild vor Augen.[71] Die Mitwirkung an der Zeitschrift *Chaos* bot eine Chance und zugleich einen sicheren Raum für die Umsetzung der geistigen Aktivitäten schreibender Frauen. Aus diesem Grund nannte Amalie Winter 1840 im ersten Beitrag über die Zeitschrift die Namen der wichtigsten Mitarbeiter (wenn auch nicht immer in Verbindung mit den korrekten Texten), aber keine Namen der Mitarbeiterinnen.[72] Als Ottilie von Goethe zwei Jahre später beschloss, sich in den Spalten der *Zeitung für die elegante Welt* zu Wort zu melden, um einige Fehler Winters zu korrigieren, achtete sie darauf, die Identitäten der Frauen nicht preiszugeben, auch wenn sie einige der Gedichte von der Hand anonymer »Damen« anführte.[73] Die erste Studie zur Identifizierung der Autorinnen erstellte Lily von Kretschmann, die über die Papiere ihrer Großmutter Jenny von Pappenheim/von Gustedt verfügte. Dies geschah allerdings erst 1891.[74]

69 Vgl. Otto/Schmidt 1999; Pnevmonidou 2015 u. 2018.

70 *Damen-Zeitung. Ein Morgenblatt für die elegante Welt*, 7 1830, S. 28.

71 Vgl. Becker-Cantarino 2000, S. 30 f.

72 Vgl. Winter 1840. Die Autorin hatte in *Chaos* (I/9, 25) publiziert, und wurde später eine der aktivsten Schriftstellerinnen ihrer Zeit.

73 Ottilie von Goethe, »Notizen (Brieflich aus Weimar)«, in: *Zeitung für die elegante Welt*, 26 1842, S. 104 (5. Februar 1842).

74 Vgl. Kretschmann 1891a.

Der Schutzraum, den Ottilie von Goethe durch die Zeitschrift *Chaos* bot, ermöglichte Autorinnen tatsächlich eine außergewöhnliche und unverhoffte Autonomie. Die Anonymität erlaubte ihnen eine thematische Freiheit, die sonst in der höfisch geprägten Weimarer Gesellschaft undenkbar war. Und die Annahme eines männlichen Pseudonyms gab ihnen die Möglichkeit, sich aus einer anderen Perspektive zu sozialen und kulturellen Themen zu äußern und auf diese Weise auch die festgelegten Geschlechterkategorien in Frage zu stellen. Dadurch wurde es möglich, sich selbst und die Gefühle zu offenbaren, und sogar auf intellektuellem und literarischem Gebiet dem männlichen Geschlecht auf Augenhöhe zu begegnen. Das war etwas ganz Besonderes – in einer Gesellschaft, in der diese Gleichheit nicht nur rechtlich, sondern auch gesellschaftlich unvorstellbar war. *Chaos* ermöglichte es Autorinnen, in einer weitgehend von Männern dominierten Verlagswelt gleichwertig zu koexistieren und sich Gehör zu verschaffen. Die Veröffentlichung eigener Werke waren eine Aufforderung und eine Herausforderung zugleich, aber auch eine Selbstbestätigung des eigenen Wertes, wofür die Resonanz der Leser:innen spricht, wie Amalie Winter sie emphatisch beschrieb.[75] Aufgrund des privaten Charakters der Zeitschrift stammten die meisten Mitarbeiterinnen des *Chaos* aus dem Umfeld Ottilies. Einige von ihnen waren bereits unter Pseudonymen in der literarischen Welt tätig: Luise Stichling, Tochter Johann Gottfried von Herders[76], Henriette von Schwendler[77] und Juliane von Bechtolsheim[78]. Für andere junge Frauen, die um die Jahrhundertwende geboren worden waren, war dies die erste Veröffentlichung. Oft markierte sie den Beginn ihrer literarischen Tätigkeit: Adelheid von Carolath-Beuthen,[79] Amélie von Gerstenbergk,[80] Sophie von Diemar,[81] die Schwestern Caroline,[82] Julie[83] und Auguste[84] von Egloffstein, die oben genannte Amalie Winter (eig. von Groß),[85] Natalie von Herder,[86] Adele Schopenhauer,[87] Sibylle Mertens-Schaaffhausen,[88] Jenny von Pappenheim,[89] Friederike Robert[90] und Auguste Jacobi[91].

Auch Ottilie von Goethe begriff die Zeitschrift *Chaos* als einen außergewöhnlichen Raum für kreative Freiheit und kritische Auseinandersetzungen. In der Rubrik »Briefpost« veröffentlichte sie auf Englisch und auf Deutsch unter verschiedenen männlichen und weiblichen Pseudonymen Artikel über Gesellschaft und Sitten. Sie publizierte Texte, die ursprünglich für den *Musenverein* konzipiert wurden,[92] aber auch Gedichte, die auf tagesaktuelle Inspirationen antworteten, wie »Noch einmal Paganini«[93]. In diesem Werk verarbeitete sie den tiefen Eindruck, den sein Konzert am 30. Oktober 1829 in Weimar auf sie gemacht hatte. Der aus Genua stammende Geiger wurde auf seiner Europatournee gemeinhin als eine Art Dämon (›Teufelsgeiger‹) dargestellt, der von den dunklen Mächten der Hölle besessen war. Selbst

75 Vgl. Winter 1840.

76 In *Chaos* I/12, 19, 24, 28. Die Biographien einiger *Chaos*-Autorinnen befinden sich in Freyer/Horn/Grochowina 2009.

77 In *Chaos* I/7, 8, 24.

78 In *Chaos* I/24 Beilage.

79 In *Chaos* II/4, 15.

80 In *Chaos* I/7, 8.

81 In *Chaos* I/6, 9, 17, 21, 27, 28, 30, 31, 33, 34, 38 und II/16.

82 In *Chaos* I/18 und II/6.

83 In *Chaos* II/8, 10.

84 In *Chaos* I/14, 21, 41, 42 und II/17.

85 In *Chaos* I/9, 25.

86 In *Chaos* I/4, 7, 14, 26.

87 In *Chaos* I/12 Beilage, 14 und II/8.

88 In *Chaos* I/10, 15.

89 In *Chaos* I/2, 7, 12, 18, 25, 29, 30 und II/14.

90 In *Chaos* I/39, 41.

91 In *Chaos* I/4, 9, 13, 16, 18, 35, 36.

92 Ihre Gedichte »Byron. Ein Traum«, »Napoleon« und »Gebet« wurden 1822 verfasst, »Der Indianer an die Europäerin« ist mit dem 4. Juni 1823 datiert. Sie sind in *Chaos* I/6, 13, 14, 38 erschienen.

93 Vgl. *Chaos* I/18, Autograph in GSA 21/299,3.

Goethe entging dieser Mystifikation nicht. Ottilie hingegen präsentierte ihn als den wahren Interpreten eines kosmischen Schmerzes, der wesentlicher Bestandteil der Welt und des Lebens ist:

> Die Hölle nicht, – es ist das Leben
> Mit seiner stummen, tausendfachen Quaal,
> Die ihm den wilden Schmerzenslaut gegeben,
> Den Seufzerhauch, – der Tonkunst lichten Strahl; […].

In den Gedichten, die in *Chaos* veröffentlicht wurden und die Ottilie nun sicher zugeschrieben werden können, wechseln sich lyrische Werke spielerischen und ironischen Tons mit sprachlichen Experimenten und intimeren Texten ab, die die existenzielle Lage der Autorin widerspiegeln.[94] Ihre Stimme ist stets höchst originell, und diese bewusste Distanzierung von Konventionen ist das Spezifikum ihrer Arbeitsweise. Ein Beispiel dafür ist der poetische Austausch, der in *Chaos* stattfindet, als Goethe unter der Chiffre 6.7.8. das Gedicht »An Sie« (I/11) publizierte und dabei spielerisch auf die Rolle der maskierten Identität in *Chaos* Bezug nahm:

> Ist das Chaos doch, bei'm Himmel!
> Wie ein Maskenball zu achten.
> Welch ein wunderlich Getümmel!
> Allerlei verschiedne Trachten!
> Aber ich will es benutzen
> Wie die andern Maskenbälle,
> Nicht mich eitel aufzustutzen,
> Unbekannt auf alle Fälle,
> Will ich Dir in Reimen sagen,
> Was ich gern in Prosa sagte,
> Wenn es Dir nach mir zu fragen
> Nur im Mindesten behagte.
> Du allein kannst mich entdecken.
> Du allein wirst mich verstehen,
> Willst Du trösten, willst Du necken,
> Und so mag es weiter gehen.[95]

Wie in einem Diskurs zwischen Geliebten antwortet Auguste Jacobi mit »An Ihn« unter derselben Chiffre (I/13). Goethe meldete sich wiederum mit einem »An Sie« (I/16); darauf folgten zwei Gedichte von Auguste Jacobi und Caroline von Egloffstein (unter der Sigle J. M.) beide in Heft I/18 mit dem Titel »An Ihn«. Dieser poetische Austausch fand streng innerhalb desselben sprachlichen und lexikalischen Codes statt,

94 Die Liste ihrer Beiträge in Freyer/Horn/Grochowina 2009, S. 158 f.

95 WA I,4, S. 42; zum Autograph vgl. Döbritz 1957.

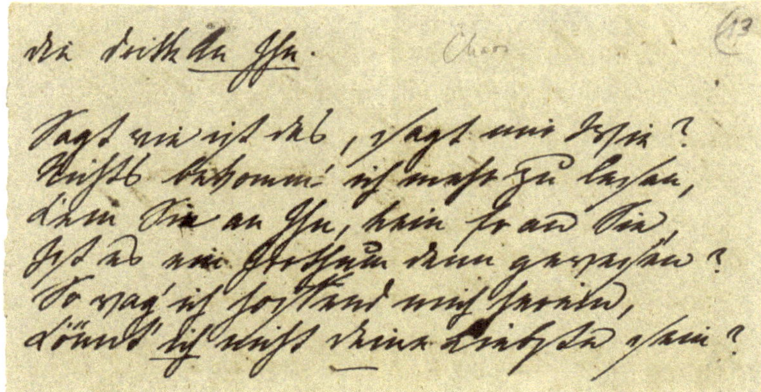

Abb. 15
Ottilie von Goethe,
Die Dritte an Ihn
(KSW, GSA 40/
XXXII,3,3, Bl. 13r)

der dem Vorbild des *West-östlichen Divan* folgte: Jacobi und Egloffstein orientierten sich an Goethes Stil, folgten seinem Rhythmus. Sie entwarfen eine kluge Hommage disziplinierter Schülerinnen. Ottilie, »die Dritte«, parierte dem Meister dagegen mit ihrer höchst originellen Stimme und beanspruchte ihre eigene bewusste und ungezügelte Originalität:

> Die Dritte an Ihn.
>
> Sagt wie ist das, sagt mir Wie?
> Nichts bekomm' ich mehr zu lesen,
> Kein Sie an Ihn, kein Er an Sie,
> Ist er ein Irrthum denn gewesen?
> So wag' ich hoffend mich herein,
> Könnt' ich nicht deine Liebste seyn?
>
> Zwar wenn ich denke, was die Andern
> Für Tugenden dir dargebracht,
> So sollte ich von dannen wandern,
> Denn sie sind Tag, und ich bin Nacht;
> Doch hört' ich oft, dass uns zum Lieben
> Nicht immer Reflexion getrieben.
>
> Darum, was der Andern Tugend
> Nicht erreicht zu haben scheint,
> Ohne Liebreiz, ohne Jugend,
> Fordr' ich »liebe mich, mein Freund?«
> Und es soll dir nimmer fehlen
> Stoff für dich und mich zum Quälen.

J. M. giebt mit weichem Herzen
Liebend jeden Ton zurück,
Schafft ein Echo deinen Schmerzen,
Giebt ein Echo deinem Glück:
Doch den Männern nur behagt,
Was man ihnen streng versagt.

Und die Andr'e giebt dir Treue,
Giebt dir Wahrheit, giebt dir Gluth,
Giebt dir ein Leben ohne Reue,
Giebt des Glaubens hohen Muth;
Denn was eine Frau begehrt,
Sie auch willig gern gewährt.

Wenn dir dieses nicht gelegen
Find'st du sicher mich charmant
Denn ich bin ja allerwegen
Als ein Schmetterling bekannt;
Und an Trotz und Widerspruch
Hätt' ich selbst als Mann genug.

Treue hab' ich warm empfunden;
Doch es ist schon lange her, –
Und sie gab' mir trübe Stunden,
Denn man fand, – ich liebt' zu sehr.
Darum lieb' ich jetzt mit Maass,
Heute dies, und Morgen das.

Hast Du Lust mich mehr zu kennen,
Send ich gern mein Conterfey;
Doch will ich mich dir nicht nennen,
Und auch du verschwiegen sey.
Nur im Voraus sag' ich schon,
Ich bin ein Chameleon.[96]

Die englische Konsulin

Die wichtigste Fremdsprache im Journal *Chaos* war, wegen der Vorliebe der Herausgeberin, Englisch. Ebenso war Weimar seit den 1820er-Jahren zu einem beliebten Ziel für junge Studenten aus dem Vereinigten Königreich geworden. Die intellektuelle Atmosphäre der Stadt pulsierte vor Leben, und die Chance, vielleicht Goethe persönlich zu treffen, wirkte elektrisierend. Die ausländischen Gäste waren bei Hofe gern gesehen und erlebten in Ottilie von Goethes Salon einen anregen-

96 In *Chaos* I/23, Autograph in GSA/40/XXXII,3,3, Bl. 13, datiert »Den 8. Febr.« [1830].

den multikulturellen intellektuellen Austausch, wie es ein Protagonist dieser Zeit, William Makepeace Thackeray, Jahre später gegenüber George Henry Lewes beschrieb:

> The Grand Duke and Duchess received us with the kindest hospitality. […] We knew the whole society of the little city, and but that the young ladies, one and all, spoke admirable English, we surely might have learned the very best German. […] In 1831, though he had retired from the world, Goethe would nevertheless very kindly receive strangers. His daughter-in-law's tea table was always spread for us. We passed hours after hours there, and night after night with the pleasantest talk and music. We read over endless novels and poems in French, English and German.[97]

Wegen ihrer Rollen als Katalysatorin und als Kulturvermittlerin wurde Ottilie von Goethe bald als ›Konsul‹ dieser kleinen Kolonie bezeichnet, und der junge Thackeray, Autor des Gesellschaftsromans *Vanity Fair*, widmete ihr sogar scherzhaft ein Wappen.

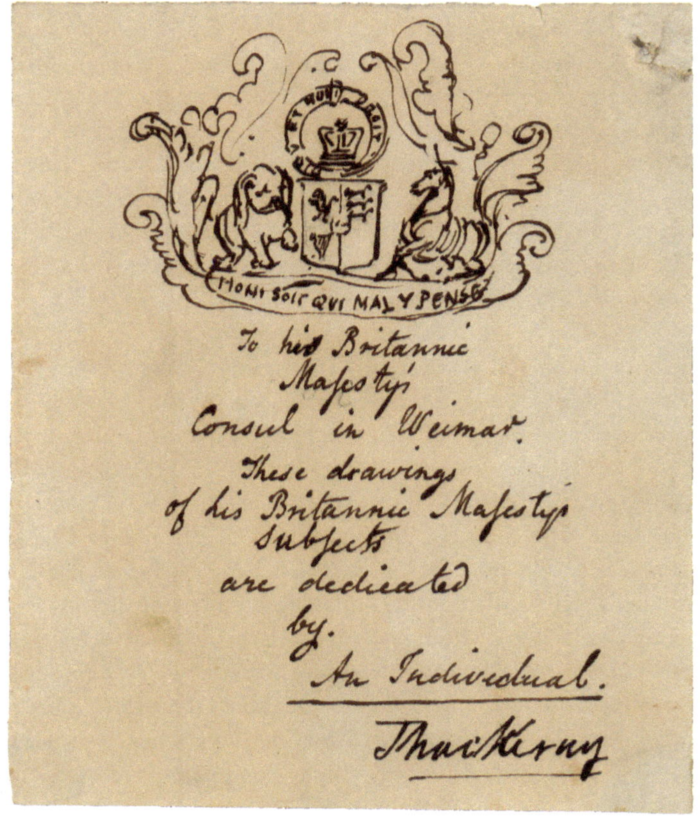

Abb. 16
William Makepeace Thackeray, *Dedicationsblatt mit englischem Wappen*, Federzeichnung (KSW, Museen, KHz/03133)

97 William Makepeace Thackeray an George Henry Lewes am 28. April 1855, in Prawer 1997, S. 406; vgl. auch Strong 1934, S. 24.

Wir wissen nach wie vor zu wenig über einige dieser anglophonen Besucher in Weimar. Selbst ihre Beiträge in *Chaos* können nicht in jedem Fall ermittelt werden, denn trotz der von Brandis, Jones, Fink und Hein durchgeführten Untersuchungen[98] lassen sich nicht alle Beiträge sicher zuordnen. Von einigen der englischsprachigen Mitarbeiter ist heute nur noch der Name bekannt, wie etwa Holland,[99] W. Lloyd,[100] C. Lushington,[101] der Ire Symons[102] und Lord Henry Foley[103]. Mehr wissen wir über den Iren Charles Childers,[104] der, nach seiner Zeit in Weimar Kaplan der anglikanischen Gemeinde in Nizza, Vater des Indologen Robert Childers und Großvater des Schriftstellers und Aktivisten für die irische Unabhängigkeit Robert Erskine Childers wurde. Und natürlich sind viele biographische Fakten über den Iren Charles Sterling aufgrund seiner Liebesbeziehung zur Herausgeberin bekannt.[105] Einige der Teilnehmer hatten auch enge Kontakte zu Goethe und sind in einer Reihe von Porträts verewigt, die der Dichter bei Johann Joseph Schmeller anfertigen ließ, z. B. der bereits erwähnte Charles Des Voeux[106] oder Edward Randall Plunkett (15. Baron of Dunsany)[107] oder Charles Henry Knox (Sohn des Bischofs of Derry), Autor zahlreicher Beiträge in *Chaos* und einer Übersetzung des *Faust I*, publiziert in London 1847[108].

Die kontinuierliche Praxis des Sprachtransfers wurde in Ottilies Kreis lebhaft diskutiert. Die Zeitschrift fungierte als Plattform für ständige Bearbeitungen und gegenseitige Übersetzungen. Fast alle englischsprachigen Mitarbeiter versuchten sich an Texten Goethes: John Heavyside,[109] der Ire Charles Goff, der, zusätzlich zu seinen Beiträgen in *Chaos,*[110] die eigene Beilage *Creation* initiierte,[111] und Charles Hodges,[112] der einige seiner Übersetzungsversuche 1836 veröffentlichte[113]. Ebenso beteiligten sich an der Zeitschrift *Chaos* zwei der wichtigsten Vermittler der deutschsprachigen Kultur im englischen Sprachraum: Thomas Carlyle, der einige Beiträge schickte,[114] und Francis Egerton, bekannt als Lord Francis Leveson-Gower. Dieser war Autor einer frühen und weit verbreiteten *Faust*-Übersetzung aus dem Jahr 1823,[115] deren zweite Auflage in Ottilies Bibliothek stand.[116] Bekannte literarische Persönlichkeiten in Weimar waren auch der Roman- und Novellenautor Thomas Henry Lister, der in *Chaos* als Restil publizierte,[117] und der in Weimar lebende Schriftsteller James Henry Lawrence, willkommener Gast bei Hofe wie im Haus am Frauenplan und reger Mitarbeiter unter dem Pseudonym St. Ives.[118] Tief verwurzelt in der Ilm-Stadt war James Patrick Parry, der sich hier 1826 im Alter von 23 Jahren niederließ. Er heiratete 1827 Luise von Stein auf Kochberg, eine Enkelin Charlotte von Steins,[119] und hatte die wichtige Funktion, viele der englischen Gäste in die höfischen und intellektuellen Kreise im Umkreis von Weimar und Jena einzuführen.

98 Vgl. Brandis 1913/1914; Jones 1933; Fink 1936; Hein 2001, S. 229–243.

99 In *Chaos* I/34, 36, 45.

100 In *Chaos* I/6, 12, 14, 17, 30.

101 In *Chaos* I/7.

102 In *Chaos* I/2, 10, 11.

103 In *Chaos* I/4, 31.

104 In *Chaos* II/4.

105 In *Chaos* I/8, 19, 23.

106 In *Chaos* I/7, 22, 24.

107 In *Chaos* I/1, 5, 13, 14, 27, 28, 29.

108 In *Chaos* I/1, 2, 6, 9, 14, 16, 21, II/17. Vgl. Hauhart 1909, S. 130 f.

109 In *Chaos* I/22, 23. Er war 1825–26 in Weimar.

110 In *Chaos* II/6. »Know's thou the Land?« (II/9) und »The Maiden's Lament« (II/12) sind vermutlich ihm zuzuschreiben; Goff übersetzte auch Teile des *Faust*; vgl. GSA 25/W 1408.

111 Vgl. GSA 40/XXXIII,6,1.

112 In *Chaos* I/9, 31, 34, 42, 43. Ottilie besaß ein kleines Porträt von Hodges (heute KSW, Museen, KHz/03137).

113 Vgl. Charles Hodges: *Original Poems. Translations of Demetrius, Part of the Bride of Messina and three scenes from Faust.* München 1836.

114 In *Chaos* I/28, 30, 32, 37; II/2.

115 In *Chaos* I/41; II/3, 5, 9, 12. Vgl. Hauhart 1909, S. 99–104.

116 Heute in der HAAB, G 248 (a) und (b).

117 In *Chaos* I/43.

118 In *Chaos* I/22, 23, 28, 30, 39, 40.

119 Die Tochter des Paares, Emma Parry, heiratete 1853 Ottilies Cousin Leo Amadeus Graf Henckel von Donnersmarck. Zu Parry und ihrer außergewöhnlichen Bibliothek vgl. Vivian 2008/2009 und 2010.

Er arbeitete für *Chaos* in zweierlei Funktion: als Korrekturleser in englischer Sprache und als Autor unter zahlreichen Initialen.[120]

Zwei junge Autoren schließen diesen kurzen Überblick ab: William Makepeace Thackeray und Samuel Naylor. Der erste kam als 19-Jähriger im Oktober 1830 nach Weimar und war fasziniert von dem außergewöhnlichen Potenzial dieser Miniaturwelt, in der provinzielles und höfisches Leben, geistige Größe und lebendiges Volk miteinander verschmolzen – ein Mikrokosmos, dem er in seinen gefeierten literarischen Schöpfungen ein originelles Denkmal setzte. So entstand »the Grand Ducal Kalbsbraten-Pumpernickel, the friendly little town far away in Sachsenland«, in denen wir das unverwechselbare Porträt der »Muse« der Stadt, »Ottilia v. Schlippenschlopp«, wiederfinden: »speaking all the languages [...] wore her glistening black hair in bands [...] looked like a fairy [...] pale, small, slim, and airy, [...] her eyes [...] so wild, and so tender«. Auch in dieser Parallelwelt ist sie die Begründerin eines »literary journal, which appeared once a week, called ›*Kartoffelkranz*‹«[121]: Die Protagonistin, die den literarischen Werdegang des jungen englischen Freundes und *Chaos*-Mitarbeiters[122] verfolgte und eifrig seine Karikaturen sammelte, war sicher amüsiert.

Fast zeitgleich mit Thackeray traf der Göttinger Student Samuel Naylor in Weimar ein, dem die Einführungsbriefe seines Freundes Henry Crabb Robinson sofort die Türen zu den Jenaer und Frauenplan-Kreisen öffneten.[123] Naylor beteiligte sich auch mit Begeisterung an den Übersetzungstreffen: »The translations [...] were undertaken by way of experiment, during a residence at Weimar« mit »the most amiable and highly gifted lady, Madame de Goethe«, so betonte er in der Einleitung seiner späteren Publikation *Ceracchi. A drama and other poems* (1839).[124] Komplexer als dieses erste Werk ist die in Weimar eventuell unter Ottilies Mitwirkung begonnene und dann in England vollendete Übersetzung *Reynard the Fox*, die 1844 in London erschien.[125] Naylors Beitrag zu *Chaos* stand auch im Zeichen der Übersetzung von Texten Goethes und markierte, durch die redaktionelle Entscheidung Ottilies, einen schwierigen Moment in der kurzen Geschichte der Zeitschrift. Vom 13. September 1829 (I/1) bis zum 7. November 1830 (I/51) fast regelmäßig erschienen, kam *Chaos* mit der Nachricht von August von Goethes Tod in Rom am 28. Oktober 1830, die aber den Frauenplan erst am 10. November erreichte, abrupt zum Stillstand. Darauf bestimmte Goethes anschließende Krankheit das Leben der gesamten Familie und damit auch der Redaktion. »Margaret, at the spinning wheel« von Samuel Naylor erschien in der letzten Ausgabe des ersten Jahrgangs (I/52) irgendwann zwischen Januar und Mai 1831, während die im selben Autograph[126] enthaltene »Mignon« in der ersten Ausgabe des zweiten Jahrgangs erschien, zu Goethes Geburtstag am

120 In *Chaos* I/15, 18, 23, 25, 36, 42. Zu zusätzlichen Zuschreibungen vgl. Vivian 2008/2009.

121 Thackeray 1852, S. 156 f.

122 Thackerays einziger sicherer Beitrag ist »The Stars« (*Chaos* II/20). Für die zwei als Leonore Splutch unterschriebenen Texte (*Chaos* I/47 und I/51) ist seine Autorschaft noch ungeklärt. Sein Übersetzungsversuch von Passagen aus Goethes *Faust* findet sich unter Ottilies Manuskripten (GSA 40/N 8, Bl. 2); vgl. auch Prawer 1997.

123 Über Crabb Robinson und seine Beziehung zu Ottilie und ihrem Kreis vgl. Eitner 1871; Norman 1930.

124 Ottilie besaß ein Exemplar des Buches, heute HAAB, V 2616.

125 Vgl. Willoughby 1914a und Maierhofer im vorliegenden Band.

126 GSA 40/XXXII,5,12.

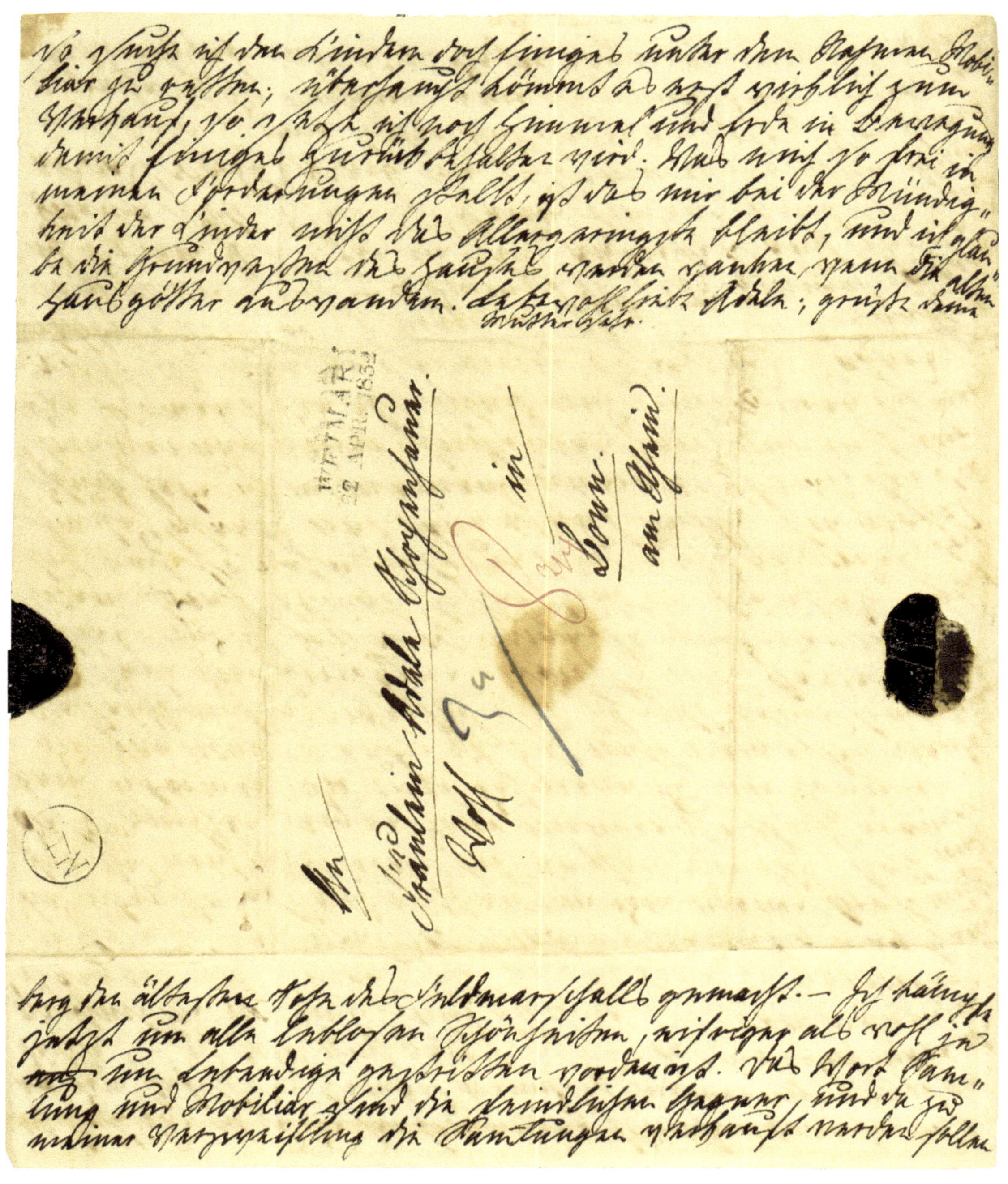

Abb. 17

Ottilie von Goethe, Brief an Adele Schopenhauer, Weimar, 21. April 1832 (KSW, GSA 40/XXII,3,1, Br. 40)

28. August 1831. Diese erste Ausgabe des zweiten Jahrgangs wurde in 150 Exemplaren gedruckt und war der Ausgangspunkt für eine kurze, aber intensive Wiederbelebung des Journals. Weitere 18 Ausgaben folgten bis zum 12. Februar 1832, als sich der Zustand Goethes wieder verschlechterte und damit auch Ottilies Sorge ausschließlich ihm galt.

Der Kampf »um alle leblosen Schönheiten«

Erst einen Monat nach Goethes Tod, am 21. April 1832, fand Ottilie die Kraft, an ihre engste Jugendfreundin Adele Schopenhauer zu schreiben, die mit Goethe auch durch eine intensive Zuneigung verbunden war:

> Ich verdamme mich zu der Quaal dir zu schreiben liebe Adele, und die Feder ruht schwer wie ein Dolch in meiner Hand. Die Welt hat Goethe verlohren, ich meinen Vater und Goethe, die Welt den Schöpfer geistiger Freuden, ich den Schöpfer und den einzigen Erheiterer meiner Lebensstunden, – und den Zusammenhang mit Literatur und Kunst; – er war meine Zeit denn er füllte sie ganz aus, und mit der endlosen die ich jetzt habe weiß ich nichts anzufangen, sie ruht wie eine todte Masse vor mir, der ich kein Leben einhauchen kann. […] Ich kämpfe jetzt um alle leblosen Schönheiten […]. Das Wort Samlung und Mobiliar sind die feindlichen Gegner, und da zu meiner Verzweiflung die Sammlungen verkauft werden sollen so suche ich den Kindern doch Einiges unter dem Nahmen Mobiliar zu retten; überhaupt kömmt es erst wirklich zum Verkauf, so setze ich noch Himmel und Erde in Bewegung damit Einiges zurück behalten wird. Was mich so frei in meinen Forderungen stellt, ist das mir bei der Mündigkeit der Kinder nicht das Allergeringste bleibt, und ich glaube die Grundvesten des Hauses werden wanken, wenn die alten Hausgötter auswandern. Lebewohl liebe Adele; grüße deine Mutter sehr.[127]

Mit dem Tod des Schwiegervaters änderte sich Ottilie von Goethes Leben im Haus am Frauenplan grundlegend. Der Verlust der Person, der sie sich in den letzten Jahren gewidmet hatte, hinterließ zunächst ein Gefühl großer Leere. Es verstärkte sich noch, weil das am 6. Januar 1831 abgefasste Testament des Verstorbenen zu einer radikalen Veränderung ihrer Existenz und des Hauses, in dem sie und ihre Kinder lebten, führte:

> Ich ernenne meine drey Enkel Walther, Wolfgang und Alma von Goethe zu meinen Universal-Erben […]. Die Verwaltung des ihnen zufallenden Vermögens soll bis zu ihrer Volljährigkeit lediglich ihren […] Vormündern zustehen. […] Da ich für das

127 GSA 40/XXII,3,1, Br. 40.

> zweckmäßigste halte, wenn sämmtliche [Kunst- und Naturalien-]Sammlungen, oder doch der größte Theil derselben, an eine öffentliche Anstalt, und zwar wo möglich an eine *Weimarische* […] veräußert würden; so ersuche ich für den Fall, daß es mir nicht gelänge, einen Vertrag darüber selbst noch abzuschließen, die Herren Vormünder meiner Enkel, einen solchen alsbald einzuleiten […]. Meine geliebte Schwiegertochter […] soll, außer freyer Wohnung und Garten-Genuß,[…] ferner freien Gebrauch meines Haus-Mobiliars an Tisch- und Bettzeug, Silber, Küchengeräte, Schreinzeug und anderen Zimmer-Meubles pp bis zur Volljährigkeit meiner Enkel haben.[128]

Ottilie von Goethe erbte persönlich nichts. In Goethes Testament wurde ihr unter der Bedingung, dass sie auf eine neue Ehe verzichtete, der Nießbrauch der beiden Häuser (am Frauenplan und im Park) und der darin befindlichen Nutzobjekte sowie eine jährliche Summe für ihren Lebensunterhalt und den ihrer Kinder zugesprochen. Schon die praktisch veranlagte Mutter Henriette stellte in einer schnellen Berechnung fest, dass die von Goethe vorgesehene Summe die notwendigen Ausgaben für den Betrieb des Hauses, für die Anwesenheit bei Hofe, für die notwendige ärztliche Versorgung und für eine fachliche Ausbildung der Söhne nicht decken konnte und zu ständigen Konflikten mit den Vormündern führen würde, die mit der Verwaltung eines unantastbaren Vermögens beauftragt worden waren.[129] Ottilie musste bis zur Volljährigkeit ihrer Kinder für jede Ausgabe Rechenschaft ablegen und für jede Entscheidung, die mit zusätzlichen Kosten verbunden war, um Erlaubnis bitten. Und tatsächlich kämpfte sie jahrelang gegen die Vormünder bzw. das patriarchalische Rechtssystem ihrer Zeit, versuchte ihr Mutterrecht gegen die Vormundschaft durchzusetzen und unterlag nicht selten. Hinzu kamen der Schmerz und die Verzweiflung bei dem Gedanken, dass die Sammlung, die ihr Schwiegervater im Laufe seines Lebens sorgfältig zusammengetragen hatte, bei einem Verkauf sogar zerschlagen werden könnte.[130]

Drei Wochen nach dem Tod Goethes begann Ottilie mit der Verarbeitung ihrer eigenen Trauer. Einerseits verfasste sie zwischen dem 14. und 16. April 1832 in persönlicher schriftlicher Meditation einen Text, in dem die Figur Goethes zusammen mit denen von Byron und Schiller als Sterne eines für eine bessere Menschheit geschaffenen Firmaments stehen.[131] Andererseits formulierte sie präzise Forderungen, um die Familiengegenstände als »Mobiliar« vor dem geplanten Verkauf der Sammlungen zu retten und für sich und ihre Kinder einen begrenzten Bereich im Haus zu schaffen, in dem sie umgeben von symbolträchtigen Gegenständen aus dem Familienbesitz leben konnten.

128 Zit. nach Kahl/Kalvelage 2015, S. 43–45.

129 Vgl. Bluhm 1964, S. 31. Franz von Waldungen und Carl Büttner waren die vom Ehemann bestimmten und vom Schwiegervater bestätigten Vormünder. Kanzler Friedrich von Müller war Testamentsvollstrecker und Präsident der Obervormundschaftsbehörde.

130 Die Vormünder erwogen mehrfach die Möglichkeit, Goethes Sammlungen oder Teile davon zu veräußern. Um sich von diesem Damoklesschwert zu befreien, beschlossen die Brüder Walther und Wolfgang 1842, den Erbanteil ihrer Schwester Alma zu dem von den Vormündern festgelegten Preis zu erwerben.

131 Vgl. Hein 2001, S. 342 f.

Ihr Ersuchen an die Vormünder vom 16. April 1832 ist ein beispielhaftes Dokument für ihre Entschlossenheit:

> Ich habe alle meine Anforderungen auf das Testament meines Schwiegervaters, meinen Heirathskontrakt, und die Aeusserungen und Auslegungen dieser drei Herrn [...] gegründet. – Diesem zu Folge hätte ich zunächst den freien Gebrauch des Hauses, mit Ausnahmen eines Raumes zur Aufstellung der Sammlung.
> Obgleich ich der Meinung gewesen wäre, daß diese den passendsten Platz in den Zimmern meines Schwiegervaters gefunden hätten, um nicht nur sein Dasein, sondern sein Wirken würdig in die Seele zu rufen, habe ich doch darüber geschwiegen, da man meine Worte als ein zu persönliches Interesse hätte betrachten können. So war ich [...] bereitwillig nicht nur 4 Räume die die Wohnung meines Schwiegervaters bildeten, sondern weder das Eckzimmer noch daß daranstoßende Cabinett in Anspruch zu nehmen [...].
> Als Mobiliar haben die Herrn die Bilder und Büsten erklärt die zur Ausschmückung der mir gegebenen Zimmer gedient haben, und ich bitte dies nochmal zu bestätigen, damit sie mir nicht später einmal abgefordert werden.
> Ferner glaube ich nachstehende Dinge theils als Mobiliar, theils als Gegenstände die ein zu großes Familien Interesse haben, um daß es billig wäre sie mir und meinen Kindern zu entziehen, in Anspruch nehmen zu dürfen.
> 1. Die Handzeichnungen meines Schwiegervaters.
> 2. Die Manuskripte von seiner Handschrift.
> 3. Alles was sich von ihm als Bildniß und Büsten vorfindet, es sei auf welche Art es wolle.
> 4. Alle Familien-Portraite.
> [...]
> 7. Alle Kleinigkeiten die nicht zu einer Sammlung gehören, so wie alle Stickereien, Tassen, Gläser und dergleichen, theils um sie als Andenken an seine Freunde geben zu können, theils weil sie mir als Erinnerung bedeutend sind[.]
> [...] da ich mir sagen muß, daß da leider der Verkauf der Sammlungen von den drei Herrn immer beabsichtigt wird, dies ihnen wenigstens etwas von dem Nachlaß ihres Großvaters sichern wird, woran sie sich als Knaben heraufbilden, und als Männer den Grund zum Fortsammeln gelegt finden, zumal da ich glaube bei dieser Gelegenheit aufs Neue bemerken zu müssen, daß die beiden Sammlungen die in den Gartenhäusern sind, nicht meinem Schwiegervater, sondern meinem Mann gehört haben. [...]
> Vielleicht fände man meinen Vorschlag nicht unpassend, die

> beiden Sammlungen meines Mannes mit dem Münzschrank ebenfalls in einem Zimmer zusammen aufzustellen, und gleichsam dadurch zu zeigen, wie der Sohn hierhin ganz die Neigung und Bestrebung des Vaters theilte.[132]

Viele von Ottilies Wünschen wurden erfüllt, leider aber nicht der sehr vernünftige für eine angemessene museale Präsentation der Münzen- und Steinsammlungen ihres verstorbenen Mannes. Sie sind bis heute schwer zu rekonstruieren. Ottilie bestimmte ihre eigenen Räume im Gebäude, und es wurde ein genaues Inventar aller darin befindlichen Kunstgegenstände erstellt, sodass jedes Stück in ihrer Obhut jederzeit kontrolliert werden konnte.[133]

Im Mai 1832 beschloss Ottilie von Goethe, ihr Liebesleben nun frei von den Fesseln zu leben, die sie an Weimar gebunden hatten: Sie reiste nach Mainz, Charles Sterling entgegen. Das erhoffte Glück dieser Begegnung erwies sich als Illusion, denn Sterling hatte kein Interesse an einer dauerhaften Beziehung. Die Rückkehr nach Weimar, die nach den mit der Familie in Frankfurt verbrachten Sommermonaten erfolgte, war noch traumatischer. Die Privaträume des Vaters waren durch Kanzler von Müller für alle Außenstehenden geschlossen worden. Auch die unmittelbare Familie war damit aus jenem Teil des Hauses verbannt worden, zu dem sie einige Monate zuvor einen fast exklusiven Zugang hatte. Sowohl Ottilie von Goethe als auch ihre Söhne Walther und Wolfgang (14 und 12 Jahre alt) empfanden diese Maßnahme als eine Enteignung. Es entstand ein Geflecht aus Misstrauen und gegenseitigen Vorwürfen: Die Familie entwickelte eine ambivalente Beziehung zum Haus am Frauenplan. Mit Walthers Mündigkeit im Jahr 1839 begann die eifersüchtige Überwachung des großväterlichen Erbes.

Bereits im Dezember 1832 schilderte Ottilie von Goethe ihrer Freundin Doris Zelter den psychischen Druck, unter dem sie stand: »Man hat bis zu seinem Tode das Betragen einer Tochter von mir verlangt, und nun läßt man mich in allen Dingen täglich empfinden, daß ich doch eine Fremde bin«.[134] Die Entfremdung vom Haus am Frauenplan bedeutete für sie einen tiefen Einschnitt, der es ihr im Laufe der Zeit immer schwerer machte, in diesen Räumen zu leben. Die liebevolle Verbundenheit mit den Kunstgegenständen, die zum Haus gehörten, blieb aber unverändert. Eine mögliche Verteilung von Goethes Sammlungen, der »alten Hausgötter«, wie sie in dem oben erwähnten Brief an Adele Schopenhauer schrieb, hätte den Verlust des hohen Wertes des gesamten Gebäudes bedeutet. Nur im Verbund erlaubten die Gegenstände und Räume ein aktives und fruchtbares Erinnern an die Person des Dichters. Erst das Testament ihres Sohnes Walther im Jahr 1885 ermöglichte die Realisierung dieses Gedankens.

132 GSA 68/256, Br. 5 (16. April 1832), Abschrift (21. April 1832) in GSA 38/IV,6, vgl. Hein 2001, S. 343 f.; Kahl/Kalvelage 2015, S. 56–58.

133 Vgl. GSA 38/IV,6; GSA 38/N 4; GSA 39/N4; GSA 40/N17a und GSA 40/N17b

134 Ottilie von Goethe an Doris Zelter am 3. Dezember 1832, in Richter 2001, S. 263.

Freundinnen und Kulturagentinnen

Ende Juni 1833 besuchte die Irin Anna Jameson, Tochter eines Miniaturmalers am englischen Hof und selbst Schöpferin eleganter Stiche, Ottilie von Goethe im Haus am Frauenplan. Die beiden Frauen, gleichaltrig und beide literarisch interessiert, schlossen eine enge Freundschaft. Anna Jameson war bereits eine etablierte Schriftstellerin. Ihre erfolgreichen Bücher *The Diary of an Ennuyée* (1826), *The Loves of the Poets* (1829), *Memoirs of Celebrated Female Sovereigns* (1831) und *Characteristics of Women* (1832) erörterten soziale und kulturelle Normen, die den Zugang von Frauen zu Bildung und Qualifikation einschränkten. Jameson sammelte damals Material für einen neuen Text über die deutsche Kultur. Die Begegnung mit Ottilie und ihre anschließende Sommerreise an Rhein und Main schlugen sich in Beschreibungen für *Visits and Sketches at Home and Abroad* (1834; eine zweite Auflage 1839) nieder: Im Buch präsentiert Jameson ihre Freundin Ottilie, zusammen mit Adele Schopenhauer und Sibylle Mertens-Schaaffhausen, als neues Modell weiblicher Emanzipation.

Abb. 18
Anna Jameson,
Ottilie à la Cour,
Radierung
(KSW, Museen,
Kgr/02167)

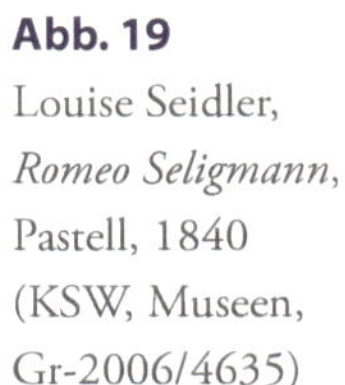

Abb. 19
Louise Seidler, *Romeo Seligmann*, Pastell, 1840 (KSW, Museen, Gr-2006/4635)

Das Ereignis, das die beiden Frauen besonders eng miteinander verband, spielte sich ein Jahr nach dieser ersten Begegnung ab. Im Sommer 1834 trafen sich die Freundinnen zunächst am Rhein und dann in Frankfurt, um am kulturellen Leben der Stadt teilzunehmen.[135] Ottilie von Goethe, die mit einem gewissen ›Captain Story‹ eine Beziehung unterhielt, entdeckte, dass sie schwanger war. Ein Skandal drohte dem bekanntesten Namen Deutschlands! Dank ihrer Freundinnen konnte Ottilie den Schein weitestgehend wahren: Mit der finanziellen Unterstützung von Sibylle Mertens-Schaaffhausen und der psychologischen und moralischen Hilfe Anna Jamesons, die sie während eines längeren Aufenthalts in Wien ab September betreute, brachte Ottilie von Goethe am 20. Februar 1835 ein Mädchen zur Welt – Anna Sibylla. Während ihrer Zeit im Wiener Hotel *Zum Römischen Kaiser* hatte Ottilie das Glück, einen außergewöhnlichen Arzt kennenzulernen: Romeo Seligmann. Er half ihr durch die heiklen Phasen der Schwangerschaft und fand dann eine Pflegefamilie für das Kind. Leider starb das Baby schon am 4. Juli 1836 und wurde von Ottilie auf dem Währinger Friedhof beerdigt.

Seligmann führte sie auch in den Kreis junger Wiener Schriftsteller ein. Die lebhafte Wiener Literaturszene beeindruckte sie so sehr, dass sie sich nach ihrer Rückkehr nach Weimar im Sommer 1835 eingehend mit den Werken ihrer neuen Bekannten beschäftigte. Zudem

135 Vgl. Erskine 1915, S. 98, 100–105; Needler 1939; Hughes 2015 und 2016.

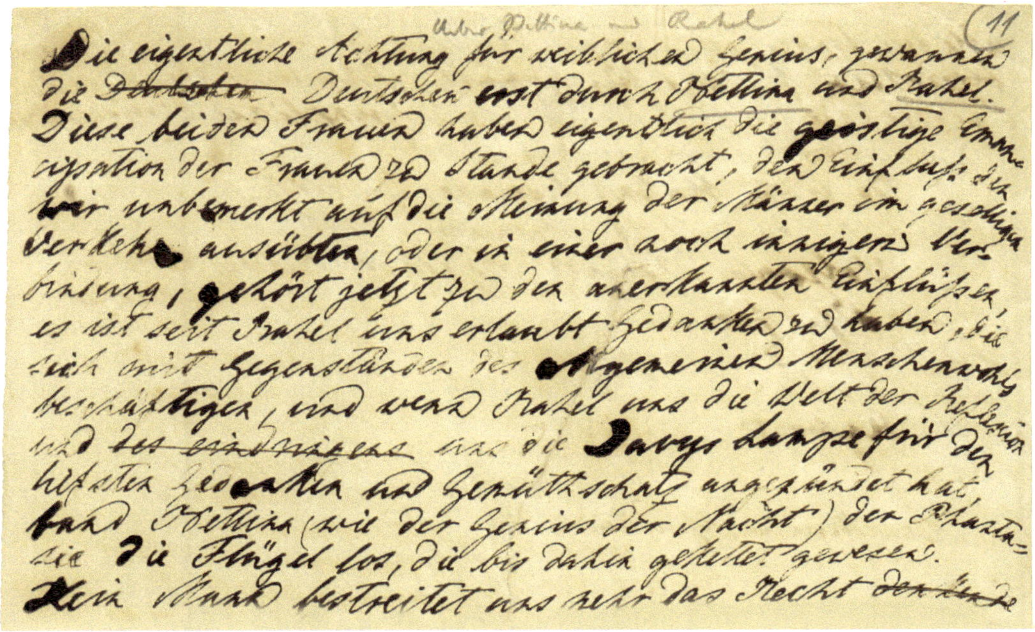

verfasste Ottilie zwischen Ende April und Ende Mai 1836 eine Reihe von Texten über die zeitgenössische deutsche Literatur für ihre Freundin Jameson: »Die Stücke der Prinzessin Amalie von Sachsen«, »Lenau. Seine Gedichte«, »Graf Auersperg«, »Ernst von Feuchtersleben«, »Die Stücke von Ferdinand Raimund«, »Das Buch von Eckermann über den Vater«[136] »Bettina, Rahel und Charlotte« sind nur einige der Aufsätze, die heute in einer Mappe im GSA aufbewahrt werden.[137] Diese Rezensionen arbeitete Jameson in *Winter Studies and Summer Rambles in Canada,* (1838, dt. Übers. 1839) und in *Social Life in Germany* (1840) ein.

Abb. 20
Ottilie von Goethe, Text über Bettina von Arnim, Rahel Varnhagen von Ense und Charlotte Stieglitz (KSW, GSA 40/XXIV,5,4, Bl. 11r)

Der Text über Bettina von Arnim, Rahel Varnhagen und Charlotte Stieglitz wurde von Ottilie von Goethe vor April 1839 stark bearbeitet und Anna Jameson zur Abschrift gegeben. Es ist kein kritischer literarischer Essay mehr, sondern ein Manifest für die Emanzipation der Frauen. Auch in dieser Hinsicht spielte Ottilie als Kulturagentin eine wichtige Rolle bei der Verbreitung der deutschen Literatur in englischer Sprache:

> Die eigentliche Achtung für weiblichen Genius, gewannen die Deutschen erst durch Bettina und Rahel. Diese beiden Frauen haben eigentlich die geistige Emancipation der Frauen zu Stande gebracht, den Einfluss, den wir unbemerkt auf die Meinung der

136 Vgl. Hein 2001, S. 409 f.

137 GSA 40/XXIV,5,1, vgl. Hein 2001, S. 408–414 und Maierhofer im vorliegenden Band.

> Männer im geselligen Verkehr ausübten, oder in einer noch innigern Verbindung, gehört jetzt zu den anerkannten Einflüßen, es ist seit Rahel uns erlaubt Gedanken zu haben, die sich mit Gegenständen des Allgemeinen Menschenwohls beschäftigen, und wenn Rahel uns die Welt der Reflexion und uns die Devys Lampe für den tiefsten Gedanken und Gemüthschatz angezündet hat, band Bettine (wie der Genius der Nacht) der Phantasie die Flügel los, die bis dahin gekettet gewesen. Kein Mann bestreitet uns mehr das Recht uns zu der Classe der denkenden Wesen zu rechnen, selbst die nicht, die Rahel wie eine Spynx unverstanden anstarren und in Bettinen nur ein lächerliches Luftspringerkind sehen, selbst die wagen es nicht denn so anerkennend drängten sich die Deutschen von Bedeutung unter diese zwei Fahnen. Gerne nennen die Deutschen mit ihnen verbunden Charlotte Stieglitz, das arme milde Wesen, dem die Liebe nicht zur Fackel wurde, die ihr Lebensweg erleuchtete, sondern nur den Holzstoß anzündete auf den sie wie eine Hindostanische Wittwe freiwillig endete, dem die Treue nicht zum Anker ward, sondern zum Dolch durch den sie endete, und die dem Gedankendruck einer Idee, die sich wie eine Finsterniss sich über alles leuchtende legte nicht wiederstehen konnte, und mit reiner Seele sündigte weil sie aus missverstandenen Pflichtbegriff einen Menschen Gott vorzog. In diesen drei Frauen ist eigentlich die ganze Nationalität der Deutschen Frauen abgespiegelt.[138]

Trotz der geographischen Entfernung zwischen ihren Wohnorten ließen Anna Jameson und Ottilie von Goethe keine Gelegenheit aus, sich zu treffen. Sie reisten mehrmals gemeinsam, vor allem nach Italien. Der Name der Schriftstellerin taucht als Donatorin für viele Kunstobjekte und Bücher aus Ottilies Nachlass auf, insbesondere in Werken über die irische Kultur.[139] Ottilie versorgte ihre Freundin zeitlebens mit ihren Texten, Gedanken, Rezensionen und Übersetzungen zur deutschen Literatur. Davon zeugen etwa ein Text über die Beziehung zwischen Frauen und Schriftstellern (heute in der Newberry Library in Chicago) oder ihre Hefte mit englischen Übersetzungen von Werken der Schriftsteller Nikolaus Lenau, Anastasius Grün und Ludwig Uhland oder von Kapiteln aus Gustav Kühnes Werk *Weibliche und männliche Charaktere* (1838), die heute im GSA zu finden sind.[140] In anderen Fällen veröffentlichte Anna Jameson Auszüge aus Ottilies Briefen, ihre Aufzeichnungen und literarischen Texte, wie ihre Fabel »The Indian Hunter and the Fire (From the German of O. v. G.)«, die, von Jameson übersetzt, in *A Commonplace Book of Thoughts, Memories, and Fancies, original and selected* (1854) erschien.[141] Auch Jamesons Texte

138 Eigenhändiger Text in GSA 40, XXIV,5,4, Bl. 11. Abschrift von Jameson in GSA 40/VIII,9,1,4, abgedruckt in Needler 1939, S. 235 f., vgl. Pietsch im vorliegenden Band.

139 Viele dieser Buchgeschenke sind heute in der HAAB und in der ThULB zu finden.

140 Vgl. Boerner 2000 und GSA 40/XXIV,5,2; GSA 40/XXIV,5,3; GSA 40/XXIV,5,4.

141 Dem publizierten Text ist ein Kupferstich des befreundeten Künstlers Moritz von Schwind beigefügt. Der eigenhändige Text (»Ein Indianisches Märchen. Der Jüngling und das Feuer«, 1839 datiert) ist heute in der Newberry Library überliefert; vgl. Hein 2001, S. 478.

über Kunst (*Legends of the Madonna*, *Memoirs of Early Italian Painters* und *Sacred and Legendary Art*) sind in hohem Maße den schriftlichen Materialien oder ikonographischen Quellen verpflichtet, die Ottilie von Goethe auf ihren Italienreisen für sie gesammelt hatte.

Ottilie von Goethe blieb stets ein Bezugspunkt für englischsprachige Gelehrte, die sich für die deutsche Kultur interessierten: Abraham Hayward, Robert Talbot und George Lefevre sowie Henry Crabb Robinson und George Henry Lewes konsultierten sie zur Klärung von Übersetzungsfragen und schickten ihr ihre Werke – entweder im Entwurf oder in vollendeter Form, mit Danksagung und Widmung.[142] Ottilie beriet sie auch ständig bei der Auswahl neuer Texte und neuer deutscher Autor:innen, die sie der angelsächsischen Welt bekannt machen wollten.[143] In der gemeinsamen interkulturellen Vermittlungsarbeit führten beide Frauen – Anna Jameson und Ottilie von Goethe – einen Kampf um ein weibliches intellektuelles Netzwerk, um Räume der Redefreiheit für Frauen als autonome, denkende Subjekte. So schrieb Ottilie 1840 an eine andere wichtige Kulturvermittlerin zwischen Deutschland und England, an Sarah Austin:

> Von jedem öffentlichen Wirken in Deutschland ausgeschloßen bleibt uns Frauen nur die Kraft des Urtheils und die Wahrheitsliebe mit der wir nicht einzuschüchtern sind es auszusprechen und zu zeigen, wo es auch in direkter Opposition mit dem steht, was man uns als Meinung aufzwingen will.[144]

Freiheit und Selbstbestimmung

Die Gruppe der Wiener Schriftsteller:innen und Künstler:innen, mit denen Ottilie von Goethe durch Romeo Seligmann in Kontakt kam, verkörperte den intellektuellen Austausch und die Werte der Freiheit, nach denen sie strebte und die in Weimar, im Vakuum, das Goethes Tod hinterlassen hatte, immer schwerer zu leben waren. Ottilie verfolgte mit großem Interesse die Neuerscheinungen ihrer neuen Wiener Kontakte und unterstützte deren freiheitliche Positionen. Unter den Texten, die zwischen April und Mai 1836 geschrieben wurden, befindet sich auch das Gedicht »An Graf Auersperg über sein neuestes Werk ›Schutt‹« (auf den 12. Mai 1836 datiert), das in Kopie an den Wiener Kreis geschickt wurde:

> Glück auf, mein ritterlicher Sänger,
> Glück auf, du Mann vom kühnen Wort
> Schürt Tyrannei die Bande enger,

142 Einige dieser Exemplare befinden sich heute in der HAAB, G 246; G 250; G 251; G254; 7132 a/b. Die Korrespondenz in GSA 40/XIX,3,1; GSA 40/XV,1,31; GSA 40/VII,3,15.

143 Vgl. Mutschmann 1913; Marquardt 1967, S. 150–153 und Maierhofer im vorliegenden Band.

144 Maierhofer 2005, S. 182; über Sarah Austin vgl. Münz 1895; Fiedler 1919; Mutschmann 1919; Scott 1948–1949; Schweitzer 1996.

Bei dir fand Freiheit Schutz und Hort.
Nicht Schutt, nein Auferstehungslieder
So nenne ich die Gesänge dein,
Du baust die alten Tempel wieder,
Hauchst der Zerstörung Leben ein. […]
Doch Rittern war es immer eigen
Der Frauen Dank nicht zu verschmäh'n,
So laß, was Tausende verschweigen,
Dir diese Zeilen still gesteh'n. [145]

Abb. 21
Ottilie von Goethe, *Traurige Geschichte der Sieben*, gedrucktes Flugblatt mit ihrer Unterschrift und Anmerkung (KSW, GSA 40/XXVII,1)

Wie das Ende des Gedichts belegt, war sich Ottilie von Goethe bewusst, oft eine Stimme außerhalb des allgemeinen Chors zu sein und zudem noch eine weibliche, was sie jedoch nicht einschüchterte. Sie sprach sich klar gegen die um sich greifende Politik der Restauration aus, die die Zensur verschärfte und die individuelle Freiheit blockierte. Ein Beispiel dafür ist ihr Gedicht »Traurige Geschichte der Sieben«, das zur Zeit der Ereignisse um die Universität Göttingen entstand: Am 1. November 1837 hatte König Ernst August von Hannover das liberale Grundgesetz des Staates außer Kraft gesetzt, woraufhin sieben Professoren der Universität Göttingen, darunter Jacob und Wilhelm Grimm sowie Friedrich Christoph Dahlmann, eine »Petition des Gewissens« – so Dahlmann – gegen diesen Gesetzesverstoß unterzeichneten. Sie wurden daraufhin ihres Amtes enthoben, einige sogar des Landes verwiesen.

Mit bitterer Ironie und verfremdendem Märchenton siedelte Ottilie von Goethe die absurde Geschichte in einem fernen chinesischen Land an. In diesem beschloss der Kinglefu (aus der anglo-französischen Mischung »King« und »le fou«, also: der verrückte König), die sieben leibhaftigen Lehren des Konfuzius zu vertreiben. Durch diese Tat wurde sein Name für alle Ewigkeit mit Schande bedeckt:

Kinglefu, ich glaub' in China,
Wo man stets gar sehr bemüht,
Daß kein Saamenkorn Gedanke
In dem Kopfe Funken sprüht,
Dachte d'rauf, des Reichs Gesetze
Umzustoßen keck und frei,
Daß sein unumschränkter Wille
Künftig ohne Fessel sey.
Des Confucius große Seele
War schon längst der Erd' entfloh'n,
Doch noch liebt er seine Brüder,
Nahte sich des Fo-to Thron,

145 Zit. nach dem eigenhändigen Text (aus dem Nachlass von L. A. Frankl) in Schlossar 1901, S. 93. Autograph in GSA 40/XXIV,5,1.

Traurige
Geschichte der Sieben.

Kinglesu, ich glaub' in China,
Wo man stets gar sehr bemüht,
Daß kein Saamenkorn Gedanke
In dem Kopfe Funken sprüht,
Dachte d'rauf, des Reichs Gesetze
Umzustoßen keck und frei,
Daß sein unumschränkter Wille,
Künftig ohne Fessel sey.
Des Confucius große Seele
War schon längst der Erd' entfloh'n,
Doch noch liebt er seine Brüder,
Nahte sich des Fo=to Thron,
Fleht um Seegen für sein Land,
Und des Fo=to hohe Gottheit
Reicht gewährend ihm die Hand:
„Als den Lohn für hehre Tugend,
Sollst du wirken fort auf Erden;
Sieben deiner weisen Lehren
Sollen plötzlich Menschen werden."
So entstanden sieben Männer,
Reich an Muth und Kraft und Wahrheit,
Standhaft und voll hoher Mäß'gung,
Feurig, doch voll milder Klarheit.
Aber Kinglesu verblendet,
Hat sie aus dem Reich vertrieben; —
Ist ihr Wirken dort geendet,
Sind sie doch der Welt geblieben,
Hat verbannt die Götterfunken,
Die in Form der Menschen kamen,
Und es deckt nun seinen Namen,
Stets mit Schmach Historia.

Ottilie von Goethe auf einer Redute bei Präsident von Schwendler vertheilt.

Fleht um Seegen für sein Land,
Und des Fo-to hohe Gottheit
Reicht gewährend ihm die Hand:
»Als den Lohn für hehre Tugend
Sollst du wirken fort auf Erden,
Sieben deiner weisen Lehren
Sollen plötzlich Menschen werden.«
So entstanden sieben Männer
Reich an Muth und Kraft und Wahrheit,
Standhaft und voll hoher Mäß'gung,
Feurig, doch voll milder Klarheit.
Aber Kinglefu verblendet,
Hat sie aus dem Reich vertrieben; –
Ist ihr Wirken dort geendet,
Sind sie doch der Welt geblieben,
Hat verbannt die Götterfunken,
Die in Form der Menschen kamen,
Und es deckt nun seinen Namen,
Stets mit Schmach Historia.[146]

Das Gedicht wurde im April des folgenden Jahres bekannt, als es Ottilie während einer Redoute in Weimar, die sie zusammen mit Kanzler Friedrich von Müller organisiert hatte, in Form eines gedruckten Flugblattes verteilte und die Urheberschaft für sich reklamierte. Dasselbe Flugblatt kursierte dann in intellektuellen Kreisen und erreichte auch Kassel, wie Jacob Grimm und Friedrich Christoph Dahlmann am 7. Mai 1838 bezeugten: »Der Frau von Göthe Kinglefu war hier […] umlaufend. […] ich wette das Gedicht macht mehr aufsehen als unsere Schriften.«[147]

Ottilie von Goethe zog im Februar 1837 nach Leipzig, um in der Nähe ihres Sohns Walther zu sein, der dort Musik und Philosophie studierte. In Leipzig entdeckte sie eine tiefe geistige und politische Übereinstimmung mit dem Herausgeber und Hauptredakteur der *Zeitung für die elegante Welt* (und später auch der Zeitschrift *Europa*), der die literarischen Bestrebungen junger und liberaler Schriftsteller:innen gern rezensierte: Gustav Kühne.[148] Viele dieser Schriftsteller organisierten sich in der Gruppe »Junges Deutschland«, der neben Kühne Ludwig Börne, Heinrich Heine, Karl Gutzkow, Heinrich Laube, Ludolf Wienbarg und Theodor Mundt angehörten. Die Gruppe stellte soziale und politische Inhalte ins Zentrum ihrer Werke und forderte ausdrücklich Presse- und Meinungsfreiheit. Schnell wurde Ottilie zur unermüdlichen Verfechterin und Förderin des Projekts, wovon folgender Brief an den befreundeten und verwandten Staatsrat Georg Heinrich Ludwig Nicolovius zeugt:

146 Das Gedicht wurde zum ersten Mal von Groß 1885, S. 231 publiziert, mit einer Abbildung der eigenhändigen Reinschrift (heute im Goethe-Museum Düsseldorf, vgl. Spies 1999, S. 194 f., Hein 2001, S. 441).

147 Zit. nach Ippel 1885–1886, I, S. 170; Steig 1912, S. 28 f.

148 Vgl. Kohut 1887; Pierson 1889; Hein 2001.

Abb. 22
Louise Seidler,
Walther von Goethe,
Pastell, um 1840
(KSW, Museen,
KGe/01092)

> Man spricht immer noch vom Vater und Schiller, und die Nation ist jetzt stolz auf ihren Ruhm, ich bitte dich prüfe doch aber, ob sie nicht eben so gut in ihrer Zeit junges Deutschland waren, wie die jetzigen bei ihrem Auftreten; ob sie nicht eben so gut vielem Bestehenden damals gleichsam ins Gesicht schlugen, und manches verehrte angriffen […].[149]

Für einige junge Vertreter der Gruppe nahm Ottilie von Goethe die Rolle der schützenden Muse der Poesie ein, wie ein ihr gewidmetes Gedicht von Karl Beck in seiner Gedichtsammlung von 1838 zeigt.[150] Für Gustav Kühne hingegen wurde sie zur engsten Mitarbeiterin: Sie übersetzte und rezensierte für ihn,[151] prägte seine literarische Laufbahn durch ihre Beratung und Kritik und hoffte wohl auch auf eine Liebesbeziehung mit ihm. Die Nachricht von Kühnes Heirat mit der jungen Henriette Harkort 1841 war ein schwerer Schlag; sie akzeptierte sie jedoch nach einiger Zeit zugunsten einer soliden Freundschaft mit Kühne. Das Thema der Selbstbestimmung und des Freiheitskampfes war für beide von zentralem Interesse.[152] Auf Ottilies Anregung wählte Kühne das Thema der revolutionären Iren, die »Märtyrer der Freiheit, die die Geschichte mit gleichgültigem Schutt bedeckt hatte und die unbewundert, weil nur von einzelnen gekannt,

149 Zit. nach Hein 2001, S. 467.

150 Vgl Beck, *Nächte. Gepanzerte Lieder*, 1838, S. 65.

151 Vgl. einige Rezensionen für Kühne in GSA 40/XXIV,5,4.

152 So ehrte Ottilie am 29. September 1847 den Südtiroler Freiheitskämpfer Andreas Hofer, indem sie sein Geburtshaus in St. Leonard in Passeier besuchte, wie das Gästebuch des Museums belegt.

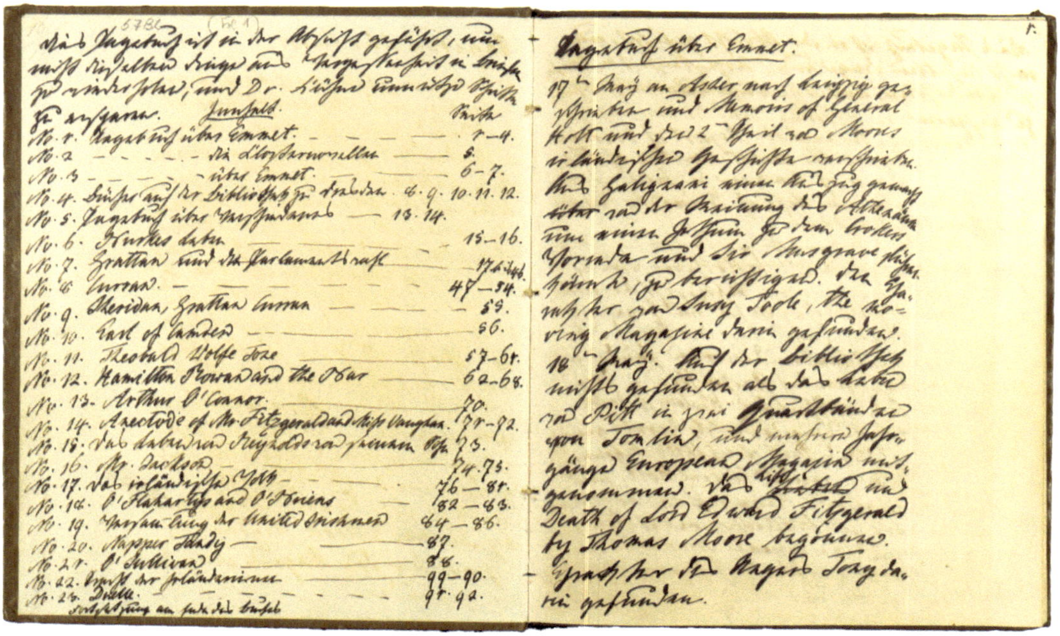

Abb. 23
Ottilie von Goethe, Exzerptheft über die irische Geschichte (KSW, GSA 40/XXVII,6,5)

untergegangen waren«,[153] für zwei historische Romane: *Die Rebellen von Irland* (Erstveröffentlichung 1840) und *Die Verschwörung von Dublin* (1856). Für diese Arbeit stellte sie ihm nicht nur ihre persönliche, auf irische Literatur spezialisierte Bibliothek zur Verfügung, sondern erarbeitete auch verschiedene Exzerpthefte mit ausgewähltem Material zu historischen Persönlichkeiten und Ereignissen.[154] »Die Bereicherung in Kenntnissnahme der Quellen, wie überhaupt Keim und Wachsthum meiner Hinneigung zum ganzen Thema verdancke ich einer Freundin, Frau Ottilie v. Goethe, deren ansehnliche Bibliothek in Sachen Irlands fortwährend sich vergrößerte«, räumte Kühne im Vorwort der zweiten Auflage der *Rebellen* (1862) ausdrücklich ein. Auch Kühnes Buch *Deutsche Männer und Frauen* (1851) trägt eine Widmung an die Freundin, da sie ihn für dieses Werk genauso wie für *Weibliche und männliche Charaktere* (1838), für *Deutsche Charaktere* (1866) und für seinen Versuch, Schillers *Demetrius*-Fragment zu ergänzen,[155] mit Materialien und Ratschlägen ständig unterstützte. Der Briefwechsel zwischen Gustav Kühne und Ottilie von Goethe, zum größten Teil im GSA überliefert,[156] zeugt von ihrer tiefen Freundschaft, der gegenseitigen Anerkennung und Wertschätzung und vor allem vom gemeinsamen Wunsch, ein einiges föderalistisches Deutschland in einer konstitutionellen Monarchie und mit freiheitlichen Verfassungen zu erleben. An Gustav Kühne schrieb Ottilie kurz vor ihrem Tod auch ihre letzten Worte:

153 Aus einem Text Ottilie von Goethes, heute in der Newberry Library, zit. nach Hein, 2001, S. 448.

154 Vgl. Hefte in GSA 40/XXVII,6, viele Exzerpte befinden sich auch in GSA 40/XXVII,5. Vgl. auch Rasche 2000.

155 Kühnes Bearbeitungen erschienen in seinem *Schiller-Buch*, Dresden 1860.

156 Vgl. GSA 40/IX,4; GSA 40/IX,3,19; GSA 40/XXI,7,10 und GSA 161/220. Kühnes Briefe befinden sich auch in GSA 40/XXVII,1.

»Mein lieber Freund, 30 Jahr sind lang, und nun muß geschieden sein in alter Freundschaft in alter Empfindung […]«.[157] Und Gustav Kühne war es auch, der in seinem Nachruf vom 18. Januar 1873 erinnerte: »Das Evangelium, das sie allen predigte, war Freiheit der Selbstbestimmung […] Fürsten und Priester, Aristokraten und Demokraten hielt sie gleich sehr für berufen und verpflichtet, Hand in Hand den Fortschritt anzubahnen, das Glück der Welt zu fördern.«[158]

Wien – Ein neuer Anfang

Ottilie hatte 1835 Wien als eine große anonyme Stadt gewählt, um das Geheimnis ihrer ungewollten Schwangerschaft zu verbergen. Die kosmopolitische Atmosphäre dieser Stadt mit einer jungen Literaturszene, der sie sich sofort zugehörig fühlte, hatte sie fasziniert. 1840 beschloss Ottilie, mit Walther und Alma dorthin zu ziehen – weg von Weimar, das für sie intellektuell nicht mehr anregend war[159] und in dem die Vergangenheit auf ihr lastete. Wien war zugleich der Ort, an dem ihre Person nicht infrage gestellt wurde und »wo mein Leben ruht«.[160] Sie hoffte dort auf einen Neuanfang in zweierlei Hinsicht: Zum einen schien ihr Sohn Walther entschlossen zu sein, seine musikalische Karriere fortzusetzen. Zum anderen träumte Ottilie selbst von einer emotionalen Verbindung mit Romeo Seligmann. Dieser wurde zunehmend in das familiäre Umfeld eingebunden und begleitete die Familie Goethe im Sommer 1841 auf dem Rückweg nach Weimar, blieb einige Zeit bei ihr im Haus am Frauenplan und reiste dann zu weiteren Studien nach Paris. Am 10. August 1842 wurde die Entscheidung offiziell: Mit einer Anzeige in der *Weimarische[n] Zeitung* verabschiedete sich Ottilie von Goethe aus der Ilm-Stadt und nahm ihr Domizil an der Donau. Hier wartete ein neuer Kreis auf sie, u. a. der schon erwähnte Anton Graf von Auersperg, Franz von Schober, Eduard von Bauernfeld, Ernst von Feuchtersleben, Ludwig August Frankl, Ignaz Franz Castelli, Nikolaus Lenau, Franz Grillparzer (schon von einem Besuch in Weimar bekannt), Betty Paoli (eig. Elisabeth Glück)[161] sowie der Maler Moritz von Schwind und der Fürst Friedrich zu Schwarzenberg[162]. Neben zahlreichen Möglichkeiten zu neuen Begegnungen und intellektuellem Austausch bot die Stadt Wien reiche Kunstsammlungen und eine Musik- und Theaterszene voll sprudelnder Vitalität. Auch Aristokraten- und Diplomatenkreise der Stadt öffneten ihr die Türen.[163] Sogar Ottilies Mutter Henriette von Pogwisch scheute sich trotz ihres Alters nicht, die Reise nach Wien anzutreten – sei es 1840 in Begleitung ihrer Weimarer Malerfreundin Louise Seidler oder im Juni 1843 mit ihrer Tochter Ulrike zu Almas Konfirmation.

157 Rahmeyer 2001. Dieser Brief liegt heute im Freien Deutschen Hochstift in Frankfurt am Main.

158 Kühne 1873, S. 274.

159 Vgl. Hecker 1930.

160 Damit meinte Ottilie das Grab der im Jahr 1836 verstorbenen Tochter Anna, vgl. Bluhm 1962–1979, I, S. 30.

161 Betty Paoli widmete Ottilie von Goethe 1844 ihre Erzählsammlung *Die Welt und mein Auge*.

162 Zur Freundschaft mit Schwarzenberg vgl. Rahmeyer 1990.

163 Vgl. Castle 1935.

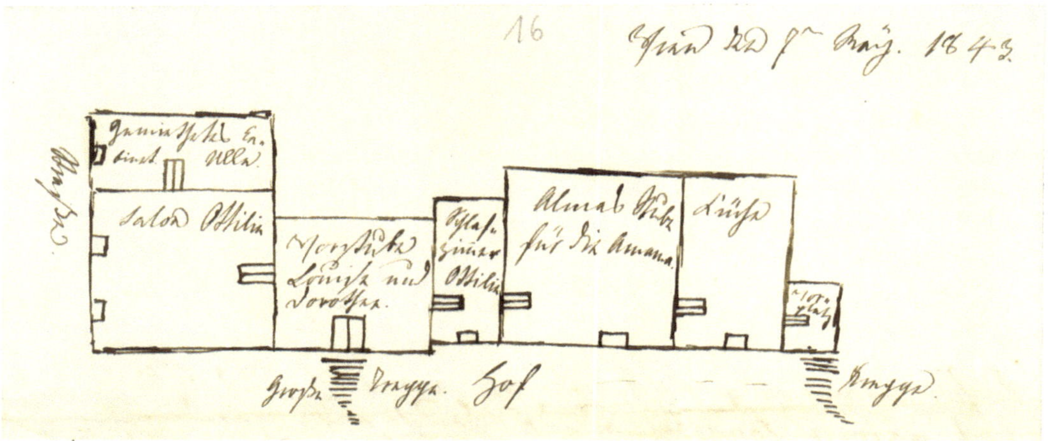

Abb. 24
Ottilie von Goethe, Brief an Henriette von Pogwisch, Wien, 7. Mai 1843 (KSW, GSA 40/ XXXIV,3,1, Br. 16)

Um diese Ankunft vorzubereiten, richtete Ottilie an ihre Mutter folgenden schwungvollen Brief vom 7. Mai 1843, der uns in die Wohnung im 3. Stock des Hauses Hohe Brücke 144 führt, in der sie bis Oktober 1843 lebte:

> Da man jetzt Briefblätter mit vignetten hat, so kann dies als ein solches gelten. […] Kurz liebe Mutter, wir rüsten uns zu deinem Empfang. Ich bitte wirf mit Ulrike einen Blick auf den Riß des Quartiers, und sage ob Du mit der Eintheilung zufrieden bist, und glaubst Platz zu haben. […]. Seit 8 Tagen liebste Mutter bin ich in der neuen Wohnung, und sollte sehr zufrieden sein, denn wir haben lichte, geräumige reinliche Zimmer, und ich sehe beinah bis auf den hohen Markt, […].[164]

Nach ihrer Konfirmation ging Alma mit ihrer Großmutter nach Weimar und kehrte im August des folgenden Jahres nach Wien zu ihrer Mutter zurück, die inzwischen in die Mölker Bastei 10 gezogen war. Vermutlich auf dem Rückweg von einem Fest im Garten des Botanikers und Sinologen Stephan Ladislaus Endlicher erkrankte Alma an dem damals in Wien grassierenden Typhus. Sie starb trotz der Behandlung durch Seligmann und Feuchtersleben am 29. September 1844. Am 1. Oktober wurde sie auf dem Währinger Ostfriedhof begraben – nicht weit von ihrer Schwester entfernt, von deren Existenz sie nichts gewusst hatte. Der Dichter Grillparzer, der das junge Mädchen besonders schätzte, schrieb ein Gedicht zu ihrem Andenken (veröffentlicht 1845).[165] Das mag einer der Gründe dafür sein, weshalb seine Photographie in Almas Brieftasche zusammen mit ihren Briefen und ihrem Reisepass aufbewahrt wurde.

164 GSA 40/XXXIV,3, Br. 16, Bl. 1 r und v.

165 Vgl. Glossy 1891, S. 78 f.

Abb. 25
Louise Seidler,
Alma von Goethe,
Ölgemälde, 1845
(KSW, Museen,
KGe/00205)

Abb. 26
Ludwig Angerer,
Franz Grillparzer,
Photographie, um 1865
(KSW, GSA 37/N64)

Abb. 27
Bestickte Tasche
der Alma von Goethe,
Textil (KSW, GSA 37/
N64)

Die Familie wurde von Almas Tod tief erschüttert. Ottilie entschied sich aber, weiter in Wien zu leben, im Kreis ihrer Freund:innen und Bekannten. Ihr Salon war besonders beliebt, weil er den im Weimarer Goethehaus verfolgten liberalen Gedanken in die kulturelle und politische Diskussion Wiens einbrachte. Dort verkehrten, zusätzlich zu den bereits Erwähnten, der Orientalist Joseph von Hammer-Purgstall, die Schriftsteller Adalbert Stifter und Friedrich Hebbel, Graf Robert von Lichnowsky, der Feldmarschall Heinrich von Heß, der Diplomat Maximilian Freiherr von Gagern, das schreibende Ehepaar August Daniel und Emilie von Binzer, der Astronom Karl Ludwig von Littrow und seine Frau Auguste, die Schriftstellerin und Frauenrechtlerin sowie Präsidentin mehrerer Frauenvereine war. Besonders willkommen in Ottilies Salon waren Künstler und Kunstexperten: der Archäologe Joseph von Arneth, der Kunsthistoriker Rudolf Eitelberger, die Maler Josef Danhauser, Carl Goebel, Théodore Valerio, Ludwig Schnorr von Carolsfeld und Carl von Binzer.[166] Für die interdisziplinären Gespräche organisierte Ottilie Soiréen mit dem Goethe-Forscher Francis Thomas Bratranek, dem Rechtsphilosophen Heinrich Ahrens, dem Historiker Joseph von Aschbach und natürlich mit Romeo Seligmann, Mediziner und Seelenarzt Ottilies. Von dem tiefen Bündnis zwischen dem Letzteren und Ottilie zeugen die mehr als 500 Briefe ihrer Korrespondenz im GSA.[167]

Italien: Das Land des Kunstgenusses und des Risorgimento

Ottilie hielt sich vier Mal für längere Zeit in Italien auf. Die Halbinsel war für sie das Land, in dem sie ihr Wissen durch täglichen praktischen Kunstgenuss erweitern konnte, wo eine deutsche Künstlerkolonie dem Klassizismus eine neue Ausrichtung gab und neue Formen der sozialen Emanzipation und der politischen Teilhabe diskutiert wurden.

Die erste Italienreise zwischen September 1845 und Anfang November 1847 war von Trauer und Krankheit überschattet. Ottilie von Goethe, die sich immer noch nicht vom tragischen Tod ihrer Tochter Alma erholt hatte, musste ihren Sohn Wolfgang unterstützen. Dieser hatte nach seinem mit ausgezeichneten Noten abgeschlossenen Universitätsstudium einen geistigen und körperlichen Zusammenbruch erlitten und benötigte eine Gegend mit mildem Klima. In der Zeit, die sie im Winter 1845 sowie von Herbst 1846 bis Frühjahr 1847 in Rom verbrachte, wohnte sie meist in einer Wohnung zwischen der Via Sistina und der Piazza Barberini. Während dieser Aufenthalte versammelte sie einen neuen Bekanntenkreis um sich. Ihre Jugendfreundin Adele Schopenhauer lebte zu dieser Zeit in der Ewigen Stadt, genauso wie die Archäologin und Mäzenin Sibylle Mertens-Schaaffhausen.

166 Vgl. Grünstein 1937. Ein unter KSW, Museen, KKg/00935 überliefertes Album der Familie Goethe enthält Fotos von ca. 80 Wiener Persönlichkeiten. Im GSA und in der Stadtbibliothek Wien wird ein Teil der Briefwechsel zwischen Ottilie von Goethe und ihren Wiener Freund:innen aufbewahrt.

167 Vgl. GSA 40/XXI,4,5 und GSA 40/XVII,4; GSA 40/XVII,5; GSA 40/XVII,6,1, GSA 40/XVII,6,3 und GSA 40/XVII,7,1; vgl. Seligmann 1913 und 1928.

Abb. 28
Louise Seidler,
Wolfgang von Goethe,
Pastell, um 1840
(KSW, Museen,
KGe/01093)

In Sibylles Salon im Palazzo Poli, neben dem Trevi-Brunnen, trafen sich der aufgeklärte Klerus und die Sympathisanten der Ideen des Freiheitskämpfers Giuseppe Mazzini, internationale, berühmte Archäologen, renommierte Schriftsteller:innen und aufstrebende Literat:innen. Hier lernte Ottilie von Goethe den aktivsten Teil der römischen Gesellschaft und der Künstlerkolonie in Rom kennen, u. a. den dänischen Bildhauer Jens Adolf Jerichau, einen Schüler von Bertel Thorvaldsen.[168] Bei ihm gab sie das bewegende Grabmal aus Carrara-Marmor für ihre Tochter in Auftrag, das seit 1910 auf dem Friedhof in Weimar steht. Um ihre Kenntnisse der Antike zu vertiefen, besuchte sie regelmäßig die Vorträge von Emil Braun, dem ersten Sekretär des Archäologischen Instituts in Rom, und las eifrig seine Veröffentlichungen.[169] Auch in Ischia und Neapel, wo sich Wolfgang diversen Kuren unterziehen musste, schloss Ottilie von Goethe eine sehr wichtige Freundschaft mit Anna Gargallo, Aristokratin und Anhängerin patriotischer Bewegungen, Frauenrechtskämpferin und Briefpartnerin von George Sand.[170] Die Familie Gargallo öffnete ihr die Türen zum italienischen Adel. In Neapel besuchte Ottilie von Goethe wie zuvor in Rom Museen, Galerien, Privatpaläste, Kirchen und Klöster und notierte sorgfältig alles, was ihr oder ihren Freund:innen interessant erschien. Im GSA befindet sich ein außergewöhnliches Dokument dieser akribisch dokumentierten Touren: Das Doppelblatt, als »Übung in italienischer Sprache«[171] klassifiziert,

168 Vgl. Koenig-Warthausen 1942, S. 151–157; Ujma 1997 und 2017.

169 Seine Korrespondenz mit Ottilie von Goethe in GSA 40/II,1,15.

170 Teile der Korrespondenz Ottilie von Goethes und Anna Gargallos in Koenig-Warthausen 1944 und in GSA 40/VI,1,11.

171 GSA 40/XXV,1,4.

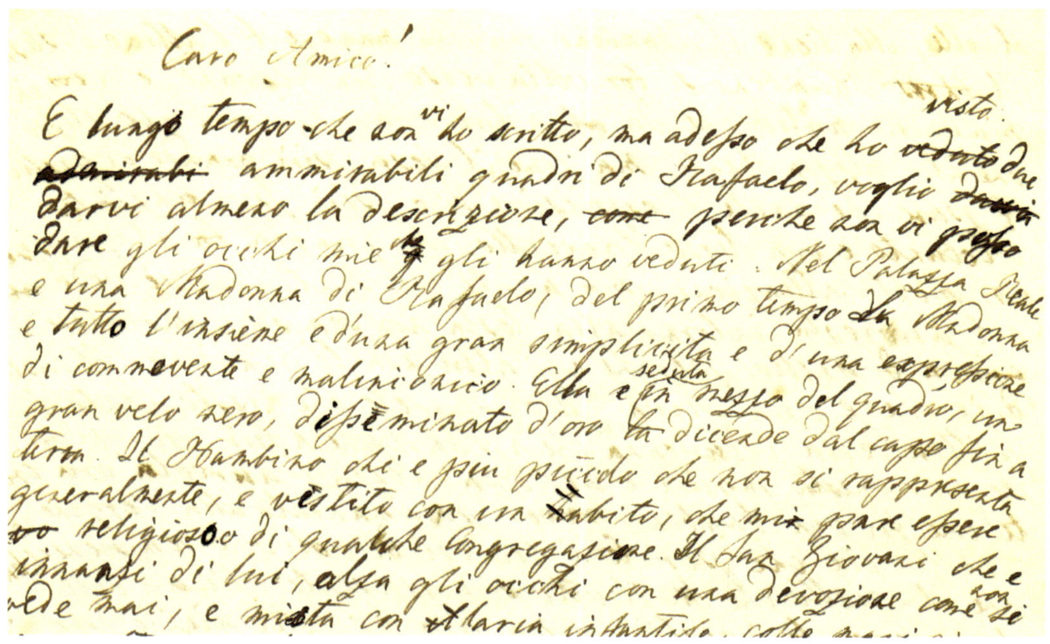
Caro Amico!
E lungo tempo che non vi ho scritto, ma adesso che ho visto ammirabili quadri di Raffaelo, voglio darvi almeno la descrizione, perche non vi posso dare gli occhi mie gli hanno veduti. Nel Palazzo Reale e una Madonna di Raffaelo, del primo tempo. La Madonna e tutto l'insieme e d'una gran semplicità e d'una espressione di commovente e malinconico. Ella e seduta in mezzo del quadro, un gran velo nero, disseminato d'oro discende dal capo fin a terra. Il Bambino che e piu piccolo che non si rappresenta generalmente, e vestito con un habito, che mi pare essere uno religioso di qualche congregazione. Il San Giovanni che e innanzi di lui, alza gli occhi con una devozione come non se vede mai, e misto con Maria

Abb. 29
Ottilie von Goethe an Unbekannt, Konzept für einen Brief, Neapel [?], 1846 (KSW, GSA 40/ XXV,1,4, Bl. 12)

ist zugleich der Entwurf eines Briefes an einen italienischen Freund mit einer detaillierten Beschreibung zweier mit Adele Schopenhauer betrachteten Gemälde von Raffael: der sogenannten *Madonna Terranuova*, die sich in der Sammlung der Herzöge von Terranuova befand, und der sogenannten *Pala Colonna*, die damals im Museum des Palazzo Reale gezeigt wurde. Nachdem Ottilie den Sommer 1847 mit ihrem Sohn Wolfgang in Meran verbracht hatte, wo er sich nach einer schweren Krise allmählich erholte, war sie einen Monat allein in Venedig und kehrte Anfang November 1847 nach Wien zurück.

Die zweite Italienreise von September 1852 bis Juni 1854 ermöglichte es ihr, ihre Kenntnisse systematisch zu vertiefen. Mit ihrer Schwester Ulrike lebte sie lange Zeit in Rom, wo der nun genesene Sohn Wolfgang im diplomatischen Dienst tätig war. Hier knüpfte sie wieder Kontakte zur deutschen Gemeinschaft, insbesondere zum bereits erwähnten Emil Braun, der in Rom eine galvanoplastische und eine photographische Anstalt zur Reproduktion und Verbreitung antiker Formen unterhielt.[172] Wir können fast jeden Tag der zweiten Italienreise Ottilies mitverfolgen – dank ihrer Tagebücher, die sie gewissenhaft führte. Sie notierte in diesen Treffen, Besuche in Künstlerateliers, Vorlesungen, Lesungen, Einkäufe und Geschenke.[173] Diese Dokumentation wird ergänzt durch die im GSA überlieferten schönen Notizbücher. Ottilie vermerkte in diesen ebenfalls Informationen

172 Ottilie erwarb verschiedene galvanoplastische Objekte und Photographien, vgl. GSA 40/ XXXI 9,2, Bl. 16 und 21.

173 Die edierten Tagebücher (Bluhm 1962–1979, III) entsprechen diesem Zeitraum.

Abb. 30
Gefäß, Bronze,
6. Jh. v. C.
(KSW, Museen,
DKg/00016)

Abb. 31
Öllampe nach
antikem Vorbild,
Terracotta, um 1850
(KSW, Museen,
ID 211272)

über gesehene Kunstwerke, über getroffene Persönlichkeiten und ihre Eigenschaften sowie über Geschenke für Freund:innen und Verwandte.[174] Noch aufschlussreicher allerdings ist ein eigenhändiges Vermehrungsbuch, in dem sie vom 1. November 1852 bis Dezember 1855 alle von ihr gekauften oder von Freunden und Familienmitgliedern geschenkten Gegenstände vermerkte. In diesem Dokument finden wir in den Angaben für April 1853 »eine Bronce Vase mit Kette« und »eine Terra Cotta Lampe Ochsenkopf mit Halbmond«[175]. Das erste Objekt ist seit 1995 im Besitz der KSW,[176] das zweite wurde irrtümlich als Teil der Sammlung ihres Schwiegervaters eingeordnet.[177]

174 Vgl. GSA 40, XXIV,1, Notizbücher 1315–1318.

175 GSA 40/XXXI,11b, S. 13.

176 Vgl. Müller-Krumbach/Wollkopf 1995, Nr. 40.

177 Vgl. KSW, Museen, ID 211 272. Über die komplizierte Identifikation der Antiken aus den Sammlungen Ottilie von Goethes und Wolfgang Maximilian von Goethes vgl. Teuscher 2020.

Abb. 32
Visitenkarten von Läden in Italien
(KSW, GSA 40/XXX,9,1)

Anhand der Tagebücher und des Vermehrungsbuchs können wir die grundlegenden Begegnungen und Erfahrungen dieser zweiten Italienreise nachvollziehen, bei der Ottilie auch ihre Kenntnisse der toskanischen Kunst und Gesellschaft vertiefen konnte. Sie lebte 1853 und 1854 zwischen Florenz, Pisa und Livorno, wo sie mit Gabriele Taussig, dem Leibarzt des Großherzogs der Toskana, Freundschaft schloss. Durch ihn fand sie Zugang zu Vertreter:innen der florentinischen Aristokratie und des aufgeklärten Großbürgertums, wie dem Historiker und Diplomaten Alfred von Reumont, dem Schriftsteller und Politiker Gino Capponi, dem Sozialaktivisten Michele Ferrucci und seiner Frau Caterina Franceschi Ferrucci. Zu Ottilies Bekannten zählten auch der Kunsthistoriker Giovanni Rosini und vor allem Giovan Pietro Vieusseux, eine Schlüsselfigur der italienischen Kultur und Politik während des Risorgimento.[178]

Vom 15. Oktober 1855 bis zum 4. Juli 1856 hielt sich Ottilie von Goethe zum dritten Mal in Italien auf, dieses Mal vor allem in Venedig. Sie unterstützte ihre Freundin Anna Jameson bei der Materialsuche für Publikationen zur italienischen Kunst und konnte sich während dieser Zeit in die Kunst und Geschichte der Lagunenstadt vertiefen. Begleitet wurden die beiden Frauen vom Historiker Rawdon Brown. Sein Haus war ein wahres Museum für archäologische Funde und deren Kopien. Er schenkte Ottilie mehrere Kunstwerke und Neuerscheinungen.

178 Zur Freundschaft mit Vieusseux vgl. Ujma 1997 und 2017; GSA 40/XIX,6,15.

Auch der Abt Giuseppe Valentinelli, Leiter der Handschriftenabteilung der Biblioteca Marciana, gehörte zu ihrem engen Freundeskreis.[179] Venedig war sicherlich die Stadt, die Ottilies romantischem Gemüt am ehesten entsprach, und wurde ihr Ziel für ihre letzte intimste Italienreise von November 1858 bis Mai 1859.[180]

Die vergessene Kunstsammlung

Das Interesse an der Kunst und am Aufbau einer persönlichen Kunstsammlung spielten im Leben von Ottilie von Goethe ab den 1840er-Jahren eine immer größere Rolle. Mithilfe von Romeo Seligmann und anderen Freunden in Wien versuchte sie eine kleine eigene Privatsammlung aufzubauen. Davon erzählt etwa ein Brief an ihre Mutter Henriette von Pogwisch vom 28. Mai 1844:

> Doch nun liebe Mutter ist es an der Zeit das ich dir die Gesellschaft die meine Einsamkeit belebt als Jupiter, irdischer Bachus, (himmlischer) Plato, die Sappho, Niobe, Meduse und Aspasia vorstelle. [...]. Es thut mir leid, daß ich nicht bei Lebzeiten des Vaters in einem solchen Grad daran Interesse hatte, denn wie hätte er alles in Bewegung gesetzt mich zu bereichern und belehren, [...] wenn ich gleich glaube, das der Grund zu diesem Interesse freilich durch die Sammlungen des Vaters gelegt wurde.[181]

Ottilie von Goethe entdeckte ihre Liebe zur Kunst in der Zeit, als ihre Tochter Alma plötzlich starb. Die ästhetische Reflexion, insbesondere der klassischen und klassizistischen Kunstwelt, spendete ihr Trost in Momenten tiefster Verzweiflung. So schrieb sie der befreundeten Archäologin Sibylle Mertens-Schaaffhausen:

> Wenn Du an meinen archäologischen Kenntnissen zweifelst, hast Du recht, aber an meinem Interesse [...] würdest Du nichts auszusetzen haben. Alles was Kunst heißt, ist für mich eine Erquickung. Ich habe oft gedacht wie Du gar nicht wissen kannst, wie mir Kunstgegenstände moralisch helfen, [...] ich muss manchmal meine Erinnerungen gewaltsam unterbrechen und dafür ist die Kunst mir immer die wirksame Trösterin gewesen.[182]

Neben ihren vier Reisen nach Italien und ihren zahlreichen Besuchen in den Wiener Sammlungen war Dresden mit seinen öffentlichen Museen und Privatsammlungen eine wichtige Quelle neuer Inspirationen. Nach 1854 häuften sich ihre Aufenthalte in der Elbmetropole.[183]

179 Vgl. Linder 1997.

180 Vgl. Beck 2010.

181 GSA 40/XXXIV,3, Br. 32.

182 Houben 1923, S. 159.

183 Vgl. Seligmann 1928, S. 31; Zaunick 1931. Besonders intensiv war die Freundschaft mit dem Arzt und Naturforscher Carl Gustav Carus, dessen Sammlungen sie oft besuchte.

Abb. 33
Siegwald Johannes Dahl, *Ottilie von Goethe*, Bleistift- und Graphitzeichnung, 8. September 1859 (KSW, Museen, KHz1994/00844)

Ottilie von Goethe versammelte auch in Dresden einen lebendigen Kreis von Intellektuellen und Künstlern um sich und befreundete sich insbesondere mit dem Ehepaar Friedrich Anton und Friederike Serre, deren Projekt einer *Schillerstiftung* Künstler:innen und Schriftsteller:innen in finanzieller Not unterstützte. In Dresden besuchte sie begeistert das Atelier des Bildhauers Ernst Rietschel. Dieser arbeitete gerade am Goethe-Schiller-Denkmal, das heute auf dem Weimarer Theaterplatz steht. Sie folgte den Vorlesungen des Literatur- und Kunsthistorikers Hermann Hettner und betrachtete gemeinsam mit dem Kulturhistoriker Gustav Klemm die Dresdner Kunstsammlungen. Letzterer notierte 1859 über sie: »die Schwiegertochter des großen Göthe [...] die längere Zeit in Italien verweilet, ist Freundin und Kennerin von Alterthum und Kunst und umgeben von wertvollen Kunstwerken«.[184]

Im Juni 1860 kehrte Ottilie wieder in ihre Wiener Wohnung in der Renngasse zurück, die inzwischen voller Kunstgegenstände war. »Mamas Zimmer sieht wie ein kleines Museum aus«, vertraute Walther von Goethe Jenny von Gerstenbergk an.[185] Diese kleine, aber bedeutende Kunstsammlung Ottilies war ihren Wiener Freund:innen gut bekannt und auch der Kulturhistoriker Anton Schlossar erinnerte sich einige Jahrzehnte später: »ihre eigne Kunstsammlung aus späteren Jahren zeugte von dem feinsten Verständnis und von tief

184 Klemm 1859, VI, S. 138.

185 Gerstenbergk 1901, S. 59 u. 79.

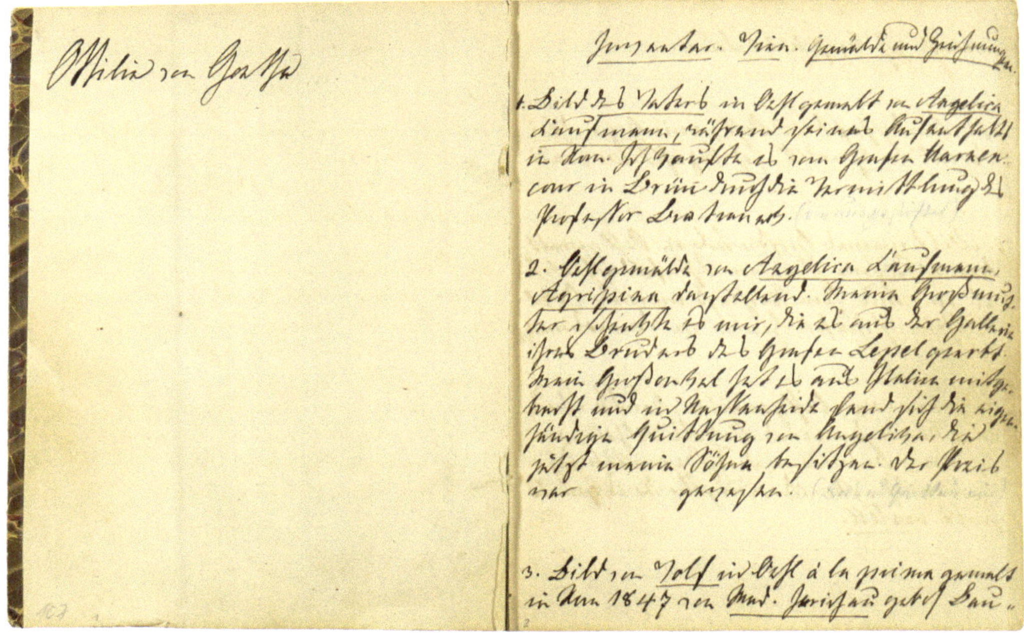

Abb. 34
Ottilie von Goethe, Inventar ihrer Kunstsammlung in der Wiener Wohnung (KSW, GSA 40/XXXI,11a, Bl. 1r)

angelegter künstlerischer Auffassung. [Sie lebte von] Kunstschätzen umgeben […] in den Räumen der Wohnung in Wien«.[186] Ein Schlüssel für künftige Forschungen in dieser Hinsicht liegt in einem unscheinbaren, im GSA überlieferten Pappband: dem eigenhändigen Inventar der Gegenstände in Ottilies Wiener Wohnung. Es wurde um 1860 erstellt und beschreibt die 107 »Gemälde und Zeichnungen«, 108 »Kupferstiche, Lithographien, Holzschnitte[], Stahlstiche«, 53 »Gypsabgüsse, Bronzen antik und modern«, 95 »Kleine Kunstgegenstände« und 35 »Kupferwerke, Lithographische Werke« in der Sammlung.[187] Dabei handelt es sich nicht nur um Kunstwerke oder handwerkliche Arbeiten, sondern auch um Erinnerungsobjekte von hohem, emotionalem Wert, wie die Zeichnungen Almas. Oft wird im Heft die Geschichte des Erwerbs erzählt, was dieses Verzeichnis einzigartig und besonders macht, z. B. beim ersten aufgeführten Gemälde: »1. Bild des Vaters in Oehl von Angelica Kaufmann, während seines Aufenthalts in Rom. Ich kaufte es vom Grafen Harnencour in Brün durch die Vermittlung des Professor Bratraneck.«[188] Es ist das berühmte Goethe-Porträt von Angelika Kauffmann, das heute in den Privaträumen des Goethehauses zu sehen ist. Die Umstände dieses Erwerbs sind auch in einem Brief von Francis Thomas Bratranek festgehalten:

186 Schlossar 1901, S. 91 u. 98.

187 GSA 40/XXXI,11a.

188 Ebd., Bl. 2r. In der Auflistung folgt ein zweites Bild von Angelika Kauffmann: eine *Agrippina,* die Ottilie durch mütterliches Erbe besaß und die sich heute im Kunstpalast in Düsseldorf befindet, vgl. Baumgärtel 2018, S. 237.

Abb. 35
Angelika Kauffmann, *Johann Wolfgang von Goethe*, Ölgemälde, 1787/88 (KSW, Museen, KGe/00445)

> Im Jahre 1841 hatte Frau Ottilie von Goethe, die damals in Wien lebte, erfahren, dass sich in der jetzt schon seit vielen Jahren aufgelösten Gemäldegallerie des Grafen [Hubert] von Harnoncourt ein Original-Bild Goethe's von Angelika Kauffmann – während seiner römischen Zeit gemalt – befände. Da sie wusste, dass ich mit dem Grafen Harnoncourt bekannt war [...] ersuchte sie mich dahin zu wirken, damit er ihr das Bild im Kauf überlasse. Das kam zu Stande, und das Original-Bild befindet sich jetzt im Besitze der von Goethe'schen Familie in Weimar.[189]

Die Freundschaft zwischen Ottilie von Goethe und dem jungen Germanisten Bratranek war sehr innig, wie auch die im GSA aufbewahrte Korrespondenz zeigt: Ottilie von Goethe begleitete und unterstützte den jungen Literaturwissenschaftler Schritt für Schritt bei seiner Tätigkeit als Kulturvermittler zwischen der slawischen und der deutschsprachigen Welt.[190]

Ottilies Ankauf des außergewöhnlichen Gemäldes von Angelika Kauffmann zeigt, wie sie alles, was mit dem Namen des ›Vaters‹ verbunden war, zu vereinen suchte: In ihrer Wiener Sammlung gab es Gipskopien der Goethe-Büsten von Alexander Trippel und Christian Daniel Rauch, ebenso das große Ölgemälde von Friedrich Dürck, das ein Geschenk des Schwiegervaters und Ehemanns war. Überdies besaß sie eine Ölskizze von Joseph Karl Stieler zu diesem außergewöhnlichen

189 In Rollet 1883, S. 84 und 291. Der Kauf des Gemäldes erfolgte zwischen 1843 und 1844, vgl. GSA 40/II,1,2.

190 In der Einleitung seines Ottilie gewidmeten Werkes *Zwei Polen in Weimar* (1870) sprach Bratranek ihr offen seinen Dank aus.

Abb. 36
Walther von Goethe, *Ottilie von Goethes Wohnzimmer in Weimar*, Federzeichnung, vermutlich um 1840 (KSW, Museen, KHz/02511)

Porträt. Ihr Wiener Salon wurde auch durch diese Kunstsammlung zum Zentrum einer intellektuellen Gemeinschaft, die sich mit dem Namen Goethes verbunden fühlte.

Leider erwähnt das Inventar nicht alle Kunstgegenstände, die zu ihrer Sammlung gehörten, z. B. das kleine Gemälde von Lucas Cranach, das Ottilie 1860 von Christian Schuchardt erworben hatte[191] und das 1871 als »Männliches Portrait in noch jungen Jahren« als »Im Besitz der Frau Ottilie von Goethe« beschrieben worden ist.[192] Es ist vermutlich jenes Cranach-Bild, das durch die Familie Vulpius in das Goethe Nationalmuseum (GNM) kam und heute im Urbino-Zimmer am Frauenplan zu sehen ist. Das Inventar schweigt auch über die schöne »Handzeichnung von Pietro da Cortona […] Rebecca am Brunnen«[193], die Ottilie 1859 aus der großen Versteigerung der Sammlung ihrer Freundin Mertens-Schaaffhausen erwarb. Auch diese Zeichnung kam durch die Familie Vulpius in das GNM und wurde schließlich im Haus am Frauenplan ausgestellt. Teil der heutigen musealen Einrichtung des Urbino-Zimmers sind ebenfalls Möbel, die Ottilie gehörten. Bei näherer Betrachtung sind also die Spuren von Ottilies Sammeleifer seit Jahrzehnten für viele Menschen sichtbar, allerdings fälschlicherweise als Objekte des ›Vaters‹. Nun gilt es, sie als Mosaiksteine einer lange vergessenen Privatsammlung wiederzuentdecken.

191 Vgl. Gerstenbergk 1901, S. 73 f. Die Echtheit des Bildes wurde vom Maler Sigmund Dahl beglaubigt, vgl. Zaunick 1931, S. 91–94.

192 Schuchardt 1871, III, S. 205, Nr. 90.

193 Tagebucheintrag vom 24. Juni 1859, vgl. Bluhm 1962–1979, IV, S. 482.

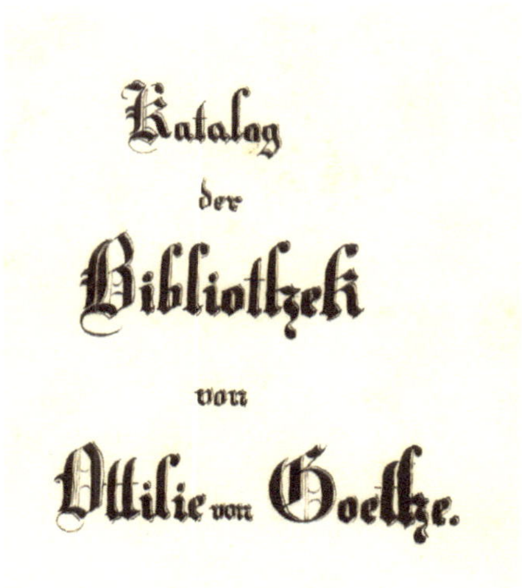

Abb. 37
Unbekannt,
Handschriftlicher
Katalog der Bibliothek
Ottilie von Goethes
(KSW, GSA 40/XXXI,11)

Der Geist lebt – Bibliothek und Lektüre

Ein besonderes Zeugnis von Ottilies intellektueller Gewandtheit und unstillbarem Wissensdurst wird im GSA aufbewahrt: der Katalog ihrer persönlichen Bibliothek[194]. Rund 1000 Titel sind in vier Abteilungen alphabetisch nach Sprachen unterteilt. Unter den 363 Titeln der »Deutsche[n] Bücher« finden wir die großen Namen der deutschen Romantik, deren erste Lektüren im Briefwechsel mit Freundinnen oft erwähnt werden: Jean Paul, E. T. A. Hoffmann, August Wilhelm Schlegel, aber auch Zacharias Werner und Heinrich Heine, Friedrich Rückert, Ferdinand Freiligrath, Heinrich Hoffmann von Fallersleben, Karl Leberecht Immermann. Neben diesen stehen die Texte ihrer Freund:innen und Bekannten, die ebenfalls der romantischen und realistischen Bewegung des 19. Jahrhunderts angehörten. Der Katalog enthält selbstredend zahlreiche Werke Goethes sowie ihres Sohnes Wolfgang, viele Arbeiten der frühen Goethe-Philologie, z. B. von Carl Gustav Carus, Herman Grimm und Heinrich Düntzer, und den Katalog der Berliner Goethe-Ausstellung von 1861. Zu dieser Ausstellung hatte die Familie, besonders Ottilie von Goethe, einige Objekte beigesteuert. Bemerkenswert sind auch Texte über die römischen Altertümer von Johann Joachim Winckelmann und ihrem Freund Emil Braun sowie verschiedene deutsche Titel über arabische Kultur.

Die englische Abteilung des Bibliothekskatalogs ist die umfangreichste. Die Gruppe umfasst rund 500 Titel und zeigt erwartungsgemäß ein besonderes Interesse an der Geschichte Irlands, ihren

194 GSA 40/XXXI,11. Aus dem Besitz der Familie Henckel von Donnersmarck.

bedeutenden historischen Persönlichkeiten sowie der irischen Sprache und Kultur. Unter den »English books« befindet sich die größere chronologische Bandbreite. Hier sticht – neben den Werken Shakespeares und einem schönen Exemplar von Miltons *Paradise Lost* in einer Ausgabe von 1688 – Literatur einer Gruppe von Autoren der Aufklärung und des 18. Jahrhunderts hervor, die vielleicht aus der Bibliothek ihrer Mutter oder ihrer Großmutter stammt.[195] In Ottilies Bibliothek durften natürlich auch die Namen der frühen englischen Romantik nicht fehlen, allen voran Lord Byron, der in mehreren Ausgaben erscheint, Thomas Moore, Thomas Campbell, Samuel Taylor Coleridge, William Wordsworth und Alfred Tennyson. Abenteuerromane und historische Texte nehmen einen wichtigen Teil der Bibliothek ein – mit den Namen von Charles Dickens und Walter Scott, Edward Bulwer-Lytton und Thomas Babington Macaulay. Auch Schriften ihres Freundes Rawdon Brown, der ihr u. a. John Ruskins *The Stones of Venice* schenkte, und natürlich die Werke von William Makepeace Thackeray sind zu finden. Titel der amerikanischen Autoren Washington Irving, Herman Melville, Nathaniel Hawthorne, Oliver Wendell Holmes, Ralph Waldo Emerson und Henry Wadsworth Longfellow zeigen das wachsende Interesse an der romantischen Literatur aus Übersee an. In dieser englischsprachigen Abteilung ist der Anteil von Autorinnen besonders umfangreich: von der Pionierin der Frauenliteratur Mary Wortley Montagu über ihre Freundinnen Anna Jameson und Sarah Austin weiter zu Amelia Opie, Jane Austen, Sarah Hemans, Elizabeth Barrett Browning und Charlotte Brontë bis hin zu den Gesellschaftsromanen der Elizabeth Gaskell. Von besonderem Interesse sind die Werke Schillers und Goethes in englischer Übersetzung, vor allem letztere aus dem Bekannten- und Freundeskreis von Thomas Carlyle, Samuel Naylor, George Downes und Francis Leveson-Gower, oder von Übersetzern, die nach dem Tod Goethes in Ottilie eine aufmerksame Leserin fanden, wie Abraham Hayward und George Henry Lewes.

Die französische Abteilung, »Livres Français«, ist mit nur 52 Titeln die kleinste, aber nicht weniger interessant: Neben den großen Namen der französischen romantischen Literatur Honoré de Balzac, Alphonse de Lamartine, Charles Nodier und natürlich George Sand finden sich interessante Texte zu den Soziallehren von Henri de Saint-Simon und Charles Fourier, die deutlich auf Ottilies Interesse an den Diskussionen hinweisen, die sie sowohl in Wiener Kreisen als auch mit ihrem Sohn Walther zu Themen des Frühsozialismus führte. Einige sehr spezifische Texte in dieser Abteilung sind Übersetzungen aus arabischen Texten, die sicher die Diskussion mit befreundeten Orientalisten nährten. In der letzten Rubrik »Libri italiani« sind 87 Titel zu finden. Neben den allgegenwärtigen Namen von Torquato Tasso, Ludovico Ariosto,

195 Hier sind u. a. Bände von John Locke, John Dryden, Joseph Addison, Alexander Pope, Lawrence Sterne, Jonathan Swift, Edward Young, William Godwin, Oliver Goldsmith, Henry Saint-John Bolingbroke, Francis Beaumont und John Fletcher zu finden.

Francesco Petrarca und Dante Alighieri, die schon zu Ottilies Jugendzeit in Weimarer Lesekreisen rezipiert wurden,[196] enthält das Verzeichnis mit Vittorio Alfieri, Giacomo Leopardi und Alessandro Manzoni Werke der Romantik, sozialpolitische Literatur aus den Jahren der politischen Einigung oder die Werke von Caterina Franceschi Ferrucci, die zum ersten Mal in Italien Pläne für die höhere Bildung von Frauen vorschlug. Auch in diesem Teil der Sammlung finden sich Übersetzungen der Werke Goethes ins Italienische, unter anderem von Giovita Scalvini, Giusto Grion und Guido Sorelli.

Der Katalog wurde nicht eigenhändig gefertigt und ist wahrscheinlich aus einem früheren Katalog kopiert worden, wie einige Lesefehler in der Transkription der englischen Autoren nahelegen. Er muss kurz nach 1861 erstellt worden sein, da er keine Bücher enthält, die nach diesem Datum erschienen sind. Dank dieses außergewöhnlichen Dokuments war es möglich, eine detaillierte Suche in den Beständen der Bibliotheken von Jena und Weimar durchzuführen, die viele der hier genannten Bücher zutage förderte. Ottilies Privatbibliothek ging nach ihrem Tod in der Bibliothek ihres Sohnes Wolfgang auf, der wiederum seine Bücher und Handschriften der Jenaer Universitätsbibliothek vermachte.[197] Trotz der erlittenen Kriegsverluste finden sich in dieser Sammlung, die mit der Signatur G. B. [Goethe Bibliothek] gekennzeichnet ist, noch persönliche Exemplare von Ottilie, auf denen sie nicht nur ihren Namen, sondern auch den Schenkenden oder die Umstände des Kaufs vermerkt hatte, so dass auch hier, wie in ihrem Inventar der Kunstsammlung, ein tiefer Einblick in ihre intellektuellen Interessen möglich ist.

Die Geschichte der in der HAAB befindlichen Bände aus Ottilie von Goethes Besitz (die meisten wurden erst im Zuge dieser Recherche entdeckt)[198] ist unterschiedlich: Einige verblieben wohl im Haus am Frauenplan, andere kamen 1913 dorthin bei einer Neuordnung der G. B.-Sammlung in Jena. Einige gingen wiederum über den Nachlass Walther von Goethes an die nachfolgenden Erben der Familie Vulpius und dann in die Bibliothek der Goethe-Gesellschaft oder in das Goethe-Nationalmuseum über. Manche wurden auf dem antiquarischen Markt erworben. Doch selbst das umfangreiche Bild dieses Katalogs ist unvollständig! Mehrere Bände, die heute in der HAAB in Weimar, im Freien Deutschen Hochstift in Frankfurt am Main und im Goethe-Museum in Düsseldorf liegen,[199] tragen Ottilies Anmerkungen und Besitzvermerke, sind aber in diesem Verzeichnis nicht zu finden[200]. Das trifft auch für mehrere mit Ottilies Namen gekennzeichneten Werke zu, die 1905 auf jener Auktion auftauchten, die einen Teil der Bibliothek Wolfgangs versteigerte.[201] Es lässt sich also vermuten, dass Ottilies Büchersammlung und ihre Lektürewelt noch umfangreicher waren.

196 Vgl. Fabbri 2021.

197 Vgl. Bulling 1958, S. 547–551.

198 Mehr als 90 Werke tragen in der HAAB ihren Eigentumsvermerk.

199 Vgl. Spies 1999, S. 216.

200 Mehrere Listen ihrer Lektüren befinden sich auch in Einzelblättern des Nachlasses (zur irischen Literatur etwa vgl. GSA 40/XXVII,5, Bl. 40r u. 76r) und in ihren Tagebüchern.

201 Vgl. Bibliothek 1905; u. a. ihr Exemplar von Eduard Boas, *Schiller und Goethe im Xenienkampf* (1851).

Ottilie von Goethe verließ 1866 Wien für immer und zog zunächst nach Leipzig, um den an einer Lungenentzündung erkrankten Walther zu pflegen. Mit ihren beiden Söhnen zog sie dann zwischen Ende 1868 und Mitte 1870 nach Jena, wo sie mit universitären Kreisen in Kontakt trat.[202] Auch in dieser letzten Phase können wir ihre Lektüren anhand weiterer, noch unerforschter Schätze des GSA verfolgen, nämlich an der Reihe ihrer Exzerptbücher (1816 bis 1870),[203] in denen sie Textauszüge notierte. Es ist keine Sammlung von Sprüchen, sondern tagebuchähnlicher Aufzeichnungen, da Ottilie von Goethe für jedes persönliche Ereignis eine Entsprechung in literarischen Texten suchte – als Echo ihrer eigenen Gefühle. Ein Beispiel unter vielen ist das im Dezember 1869 niedergeschriebene Gedicht des englischen Dichters Matthew Arnold »April 1850«, nach einer Rückfahrt von Weimar nach Jena:

> Goethe in Weimar sleeps, and Greece,
> Long since, saw Byrons struggle cease. […][204]

202 So schenkte ihr der Professor für Philosophie Kuno Fischer 1869 die Edition seiner Antrittsrede für das Protektorat der Universität Jena (HAAB, Vr 4134).

203 Vgl. GSA 40/XXVI,2,1–8. Es fehlen die Hefte für die Jahre 1844–1856.

204 GSA 40/XXVI,2,8.

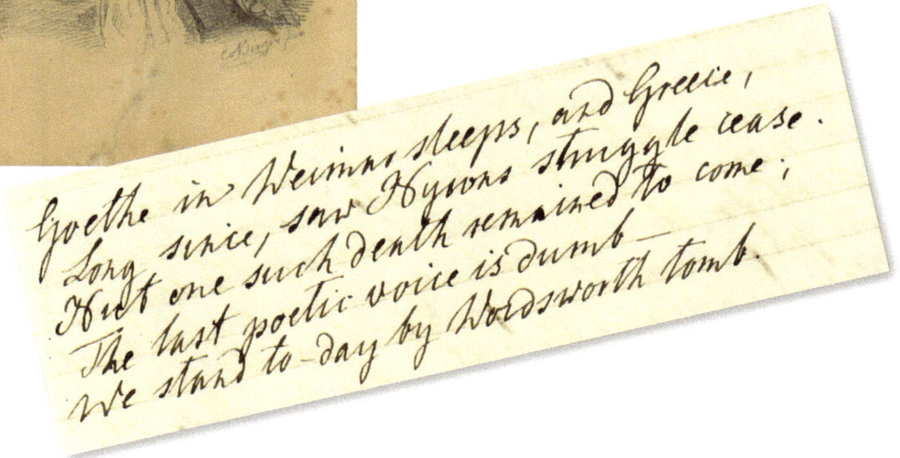

Abb. 38
Carl von Binzer, *Ottilie von Goethe*, Kreidezeichnung, 1863 (KSW, Museen, KHz/02902)

Abb. 39
Ottilie von Goethe, Exzerptheft, 1854–1870, Detail (KSW, GSA 40/XXVI,2,8)

Goethe in Weimar sleeps, and Greece,
Long since, saw Byrons struggle cease.
But one such death remained to come;
The last poetic voice is dumb—
We stand to-day by Wordsworth tomb.

Mitte 1870 entschied sich Ottilie von Goethe, wieder in Weimar im Haus am Frauenplan zu leben. In der Mansarde richtete sie sich ihre Gesellschaftsräume her. Ein letztes Mal bildete sich um sie ein kleiner Kreis: neben langjährigen Freundinnen wie Allwina Frommann, Emma Froriep und Natalie von Herder eine jüngere Generation von Frauen, die in Ottilie von Goethes Autonomie und intellektueller Lebendigkeit ein Vorbild sahen, z. B. Charlotte Hardtmuth oder Jenny von Gerstenbergk, die später in der ersten Ottilie gewidmeten Monographie an sie erinnerte[205]. Am 5. September 1872 erhielt Ottilie Besuch von Wolfgangs Freund Otto Mejer. Er fand sie vom Alter und vielen Krankheiten gezeichnet, aber begeistert vom Sieg der Deutschen bei Sedan, der den Traum ihrer Jugend erfüllte:

> Wolf hatte Recht, sie war ein Hauch, aber [...] es gab Momente, wo man hätte meinen können, die Zeit sei spurlos an ihr vorübergegangen, so lebhaft waren Anteil, Auge, Rede [...]. Kleines, Großes und Größtes bewegte das Gespräch, [...] das Eine Deutschland, ihre alte Hoffnung, [...] Schmerz, Freude, Erinnerung, Treue, noch immer Liebe zum Leben [...]. Mir war als erlebe ich den Schlußsatz eines Beethovenschen Musikstückes.[206]

Ottilie von Goethe entschlief sieben Wochen später, am 26. Oktober 1872, in der Mansarde des Hauses am Frauenplan.

> Nichts wird in der Welt umsonst gesäht.
> Der Samen, den der Wind verweht,
> Das Korn, vom Vogel weggetragen,
> Wird endlich dennoch Wurzeln schlagen.[207]

Mit diesen Worten mahnte Ottilie ihre Söhne in einem späten Gedicht, und so lässt sich auch der Wunsch formulieren, dass die hier beschriebenen Objekte und Zeugnisse Samen seien, um Wurzeln einer neuen Forschung zu ihrer Person zu schlagen, 150 Jahre nach ihrem Tod.

Abb. 40
Petschaft Ottilie von Goethes mit sieben Einsätzen, (KSW, Museen, Kg-2014/613)

205 Vgl. Gerstenbergk 1901.

206 Mejer 1889, S. 102.

207 GSA 40/XXIV,2,2, Bl. 29–30 und Hein 2001, S. 638–639.

Ottilie von Goethe als literarische Agentin der englischsprachigen Welt

Waltraud Maierhofer

Briefliche und biographische Darstellungen haben das Bild Ottilie von Goethes in der Nachwelt früh durch die Betonung ihrer Liebeswünsche und -beziehungen bestimmt – und sie sind ja auch romantisch genug. Ihre wichtige Rolle in der Vermittlung englischer Übersetzungen von Werken Goethes und seines Umfelds, ja auch der aktiven Mitarbeit daran, und ihres Einflusses auf biographische Darstellungen und die Vermittlung der klassisch-romantischen Kultur in der englischsprachigen Welt sind noch immer wenig bekannt und nicht angemessen geschätzt. Ottilie von Goethe litt darunter, als Frau in ihrem öffentlichen Wirken begrenzt zu sein. Gerade in der Zeit der Romantik nutzten Frauen zunehmend die geschlechtsspezifische Zuschreibung von Talent zu Geselligkeit, Pflege brieflicher Kontakte, Vermittlung und Übersetzung dazu, in diesen Bereichen kulturell zu wirken.[1] Ottilies Rolle als kulturelle Vermittlerin war nicht einseitig, denn sie besaß eine umfangreiche englischsprachige Bibliothek und gab deutschen Autor:innen wichtige Anregungen, die dazu beitrugen, die literarische Produktion im Weimarer Kreis zu entprovinzialisieren.

Juristen-Übersetzer und Übersetzung als Zusammenarbeit

Besonders interessante Fälle sind die Übersetzungen der Dramen *Torquato Tasso* durch Charles Des Voeux und *Faust* durch Abraham Hayward, nicht nur, weil Ottilie vermutlich stark an der ersteren Übersetzung beteiligt war, sondern auch wegen der Druckgeschichte, die aufschlussreich für die Praxis des Übersetzens in dieser Zeit und wohl kein Einzelfall ist. Die *Tasso*-Auflage von 1833, im selben Jahr des überraschenden Todes von Des Voeux erschienen, enthält ein kurzes Vorwort von ihr.

Charles Des Voeux, zuletzt Legationssekretär bei der Britischen Botschaft in Brüssel, ältester Sohn des gleichnamigen irischen Barons, hatte in Oxford studiert. Des Voeux, laut Karl Ludwig von Knebel »ein ungemein unterrichteter feiner junger Mann«[2], hielt sich von Herbst 1826 bis März des folgenden Jahres in Weimar auf, um die deutsche Sprache zu lernen. Ottilie entwickelte eine starke emotionale Beziehung zu ihm, vor allem als er ihr stürmische Gesänge von Lord Byron vortrug,

1 Vgl. Reiserer 2021; Grbić/Wolf 2002; Dow 2007.

2 Zit. nach Willoughby 1914, S. 226.

Abb. 41
Johann Joseph Schmeller, Charles Des Voeux, Kreidezeichnung mit Weißhöhung, 1826/27 oder 1829/30 (KSW, Museen, GHz/Sch.1.284,0603)

mit ihr tanzte, sie Gedichte Goethes und seine Übersetzungen dazu lasen und auch seinen begonnenen Roman. Laut ihren Aufzeichnungen unternahmen sie gemeinsam die Übertragung des *Tasso* ins Englische.[3] Als Grund der Übersetzung führte Des Voeux in seiner Einführung an, das deutsche Original würde universell bewundert. Auch identifizierten sich beide wohl mit den Rollen als sensibler Dichter bzw. gefühlvolle Förderin.[4] Es ist zu vermuten, dass Ottilies Anteil an der Unternehmung beträchtlich war, da die Deutschkenntnisse von Des Voeux noch begrenzt waren. Des Voeux ließ das Werk noch Anfang 1827 in London drucken[5], und Goethe erhielt ein Exemplar mit der Bitte um Beurteilung. Goethe fragte daraufhin Thomas Carlyle – an seine Überlegungen zur Weltliteratur anschließend – nach der Qualität der Übersetzung und ob sie »als Englisch gelten« könne, den breiten interkulturellen Wert von Übersetzung ansprechend.[6] Carlyle antwortete mit harten und vielleicht ungerechten Worten.[7] Wohl unabhängig von Carlyles Urteil unternahmen Ottilie von Goethe und Des Voeux eine Revision des englischen *Tasso,* und Ottilie ließ nach dem überraschenden Tod des Iren die korrigierte Auflage auf eigene Kosten in Weimar verlegen, wo sie 1833 erschien. In ihrem kurzen Vorwort zur 2. Edition nennt Ottilie Des Voeux »My friend«, erwähnt weiter nur, dass Des Voeux ihr eine Überarbeitung geschickt hatte, die mehr Englisch (»more English«) und weniger wörtlich (»very little less literal«) war als die erste Ausgabe, und er den Druck in Weimar unter ihrer Aufsicht empfohlen hatte. Sie habe nach Fertigstellung brieflich wegen der Widmung an Goethe nachgefragt, worauf sie jedoch die Nachricht vom Versterben des jungen Mannes erreichte.[8] Ottilie wirkte wohl in beiden Editionen auch bei der Auswahl von Gedichten mit, die in dem Band enthalten sind. In seiner kurzen Einführung gab Des Voeux als Kriterium für die Auswahl an: »It was intended […] to give a specimen of that simplicity and feeling, which may be considered peculiarly characteristic of German poetry.«[9] Aus der Betonung des Gefühls spricht Ottilies Vorliebe. Der erste Druck enthält 16 Gedichte von Goethe plus zwei Monologe aus *Faust* und *Götz*, eines »nach dem Arabischen« von Johann Christoph Biernatzki, fünf von Friedrich Schiller, sechs von Ludwig Uhland, drei von Gottfried August Bürger, eins von Ludwig Hölty, drei von Joseph von Eichendorff sowie zuletzt eins von der mit Ottilie befreundeten Adele Schopenhauer (»A Wish«). Mit Ottilies Auswahl war eine Förderung der Freundin verbunden. Allerdings enthalten die kurzen Hinweise am Schluss des Bandes zu den Verfassern der Gedichte keine Angaben zu Adele. In der neuen Edition (1833) fehlen gerade ihr Gedicht sowie einige von Bürger. Sie wurden durch Gedichte von Heinrich Heine, Franz Grillparzer und anderen ersetzt – auf wessen Entscheidung hin wäre noch zu untersuchen.

3 Vgl. Hein 2001, S. 165.

4 In seiner Einführung pries Des Voeux die weibliche Protagonistin Leonora d'Este als den reinen Standard weiblicher Perfektion. Vgl. Des Voeux 1827, S. VI; Des Voeux 1833, S. VIII.

5 Vgl. Des Voeux 1827; Ottilie von Goethes Exemplar mit handschriftlicher Widmung in der HAAB, G 237.

6 Vgl. Goethe an Thomas Carlyle vom 2. Januar 1828, in: WA IV,44, S. 221 f. Vgl. Hein 2001, S. 183.

7 Vgl. ebd. Im Gegensatz zu Carlyle äußerte sich Henry Crabb Robinson positiv über das Werk.

8 Ottilie von Goethe, in: Des Voeux 1833, S. VI. Ihr persönliches Exemplar in HAAB, G 238.

9 Des Voeux 1827, S. VIII.

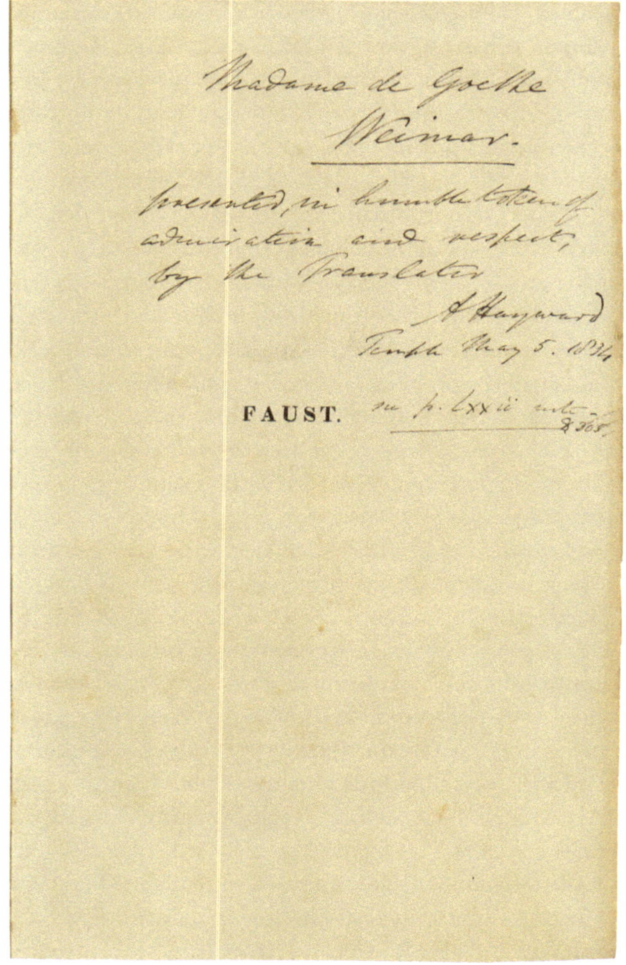

Madame de Goethe
Weimar.

presented, in humble token of
admiration and respect,
by the Translator
A Hayward
Temple May 5. 1834

FAUST.

Abb. 42
Abraham Hayward,
Faust, 1834,
Titelblatt mit
egh. Widmung an
Ottilie von Goethe
(KSW, HAAB, G 250)

Eine ähnliche Vorgehensweise bei der Drucklegung ist für die *Faust*-Übersetzung des Engländers Abraham Hayward nachgewiesen. Hayward war wie Des Voeux Jurist und erhielt später die Auszeichnung, in den offiziellen Beraterstab von Königin Victoria aufgenommen zu werden (Queen's Council). Er hatte den Ruf, einer der belesensten Männer der Zeit zu sein, und sein *Faust* begründete seine literarischen Veröffentlichungen, die sonst vor allem aus Essays bestanden.[10] Seine *Faust*-Übersetzung in Prosa gilt noch heute als klar und genau.[11]

Auch er ließ zuerst eine private Ausgabe drucken (London 1833). In Weimar ist ein Exemplar mit Widmung an Ottilie überliefert, in der er ihr seine Hochachtung versichert.[12] Die erste Ausgabe enthielt statt eines Vorworts eine Anzeige mit der Erklärung, dass sie schon das

10 Vgl. Chessel 2009.

11 Vgl. ebd., S. 315.

12 Vgl. Hayward 1833; Ottilie von Goethes Exemplar in der HAAB, G 246.

Resultat einer von Freunden revidierten Fassung sei und sie nur an einen breiteren Freundeskreis verteilt werde, mit der Bitte um weitere Kommentare. Im Jahr darauf wurde die bearbeitete Ausgabe (»Second Edition«[13]) publiziert, und ein Ottilie gewidmetes Exemplar kam nach Weimar: »Madame de Goethe / *Weimar.* / presented, in humble token of / admiration and respect, / by the Translator / A Hayward / Temple May 5. 1834«.[14] Diese Ausgabe berücksichtigte die Reaktionen von Leser:innen der privaten Ausgabe. In dem Vorwort »Translator's Preface« meint Hayward, er habe auf den Privatdruck viele Zuschriften erhalten, darunter Kritiken in englischen und anderen Zeitschriften, und seine Freunde hätten ihn erst überzeugt, die ursprünglich für private Zwecke vorgenommene Übersetzung zu veröffentlichen. Er lobt den Enthusiasmus, mit dem deutsch- und englischsprachige Liebhaber des Goethe'schen Werks seine Übersetzung aufgenommen und untersucht hätten, er bedankt sich für die Gespräche und die Anregungen vieler deutscher Autoren anlässlich seiner Reise nach Deutschland, die er, wegen dieser Übersetzung, unternommen hatte.[15] Er dankt ganz ausdrücklich »Madame de Goethe […] for the kindest and most flattering reception« und betont »the amiable and elegant Madame de Goethe […] possesses an exquisite taste in english composition, and an acquaintance, almost unprecedent in a foreigner, with our literature«[16]. In den hier erhaltenen »Addenda« publizierte Hayward auch mehrere Übersetzungen von »a german Lady« (Ottilie selbst oder vielleicht Adele Schopenhauer?) und kritisierte das deutsche Vorurteil gegenüber schreibenden Frauen, das den kreativen Schatz der »Adèles and Ottilies« verschlossen halte.[17]

Nicht alle Kontakte zu Übersetzern können hier zur Sprache kommen. Zu nennen wären etwa Samuel Taylor Coleridge, Archer Thompson Gurney und Samuel Naylor. Letzterer übersetzte in seinem Werk *Reynard the Fox. A Renowned Apologue of the Middle Age, Reproduced in Rhyme* (London 1844) allerdings nicht Goethes *Reineke Fuchs*, wie oft in der Forschung zu lesen ist, sondern Heinrich von Alkmars niederdeutsche Version *Reynke de Vos* (1498).

Hayward und Des Voeux sind nur zwei Fälle, in denen sich Juristen-Schriftsteller für Werke Goethes begeistern und sie übersetzen, dies aber weniger als ihre individuelle Leistung verstehen, sondern als etwas, das im Austausch mit vielen seine beste Form erlangt. In Studiengängen zu literarischen Übersetzungen sind heute Workshops üblich, in denen angehende Übersetzer:innen ihre Werke vorstellen und gemeinsam bearbeiten. Und es gibt Internet-Plattformen, auf denen ein ähnliches kollektives Redigieren erfolgt, unseren technischen Möglichkeiten angepasst.

13 Hayward 1834, S. V.

14 In der HAAB, G 250.

15 Vgl. Hayward 1834, S. VI.

16 Ebd., S. LXXII.

17 Ebd., S. 301 f. und S. 305 f.

Anna Jameson, Sarah Austin und das öffentliche Wirken der Frau

Für Ottilies Bedeutung als Vermittlerin deutscher Literatur im englischsprachigen Raum sind vor allem die beiden Schriftstellerinnen und Übersetzerinnen Anna Jameson und Sarah Austin wichtig. Im Austausch mit beiden thematisiert sie am deutlichsten die Emanzipation der Frauen und ihr eigenes öffentliches Wirken als Anliegen. Als Ottilie 1833 die Irin Anna Jameson, geb. Brownell, kennenlernte und im Jahr darauf in ihrer Begleitung nach Wien reiste, war diese bereits (seit 1825) mit einem Anwalt verheiratet, hatte aber mit einem anonym erschienenen Tagebuch-Roman großen Erfolg, dessen Titel bezeichnenderweise Assoziationen zu in solchen Konvenienzehen gelangweilten Frauen hervorruft (*The Diary of an Ennuyée*, 1826).[18] Ihr Buch *Visits and Sketches at Home and Abroad* (1834) enthält nicht nur ein faszinierendes Porträt Ottilies (I, S. 77–79), sondern auch, in einem fiktiven Dialog, eine bemerkenswerte Verbindung zu Haywards *Faust*-Übersetzung und dem oben zitierten Hinweis:

> ALDA » […] I met several other women in Germany who possessed striking poetical genius, and whose compositions were equally destined to remain unknown, except to the circle of their immediate friends and relatives.« – MEDON »Mr. Hayward in his notes to his translation of Faust, remarks on the strong prejudice against female authorship, which still exists in Germany; but he hopes that it will not endure, and that something may be done, ›to unlock the stores of fancy and feeling which the Ottilies and the Adèles have hived up‹.«[19]

1840 erschienen die von Anna Jameson übersetzten Komödien der Prinzessin Amalia von Sachsen, die auch unter dem Pseudonym ›Amalie Heiter‹ schrieb.[20] Die Anregung dazu stammte sicher von Ottilie, denn von ihr gibt es einen Aufsatz, *Die Stücke der Prinzessin Amalie von Sachsen*, der auf den 24. April 1836 datiert ist.[21] Jameson erkannte gerade das Zeitgebundene von Amalias Dramen und pries sie in ihrer Einleitung dem englischen Lesepublikum an – als realistische Bilder aus der deutschen Gesellschaft, die dem englischen Geschmack besser entsprächen als anerkannte Werke. In der Einführung in Form eines fiktiven Dialogs gibt sie sich sehr bescheiden und meint, das rege Interesse an ihren Bemerkungen über Leben und Literatur in Deutschland habe sie ermuntert zu diesem gewagten Experiment. Die Annahme, sie mache sich zu einem »advocate for the (so called) *emancipation of woman?*«, weist sie zurück, denn sie vertraue vielmehr darauf, dass

18 Vgl. Thomas 1978; Johnston 1997.

19 Jameson 1834, I, S. 143 f.

20 Vgl. Jameson 1840; über diese damals sehr bekannten Dramen vgl. Amalie von Sachsen 1873.

21 Vgl. GSA 40/XXXIV,5,1; vgl. Hein 2001, S. 409 und Fabbri im vorliegenden Band.

Abb. 43
Unbekannt,
Anna Jameson,
Lithographie,
KSW, Museen,
KGr1981/00488)

diese zu ihrer Zeit gewonnen werde, auch sei Amalias Femininität unbestritten.[22] Diese Aussagen können ihren Überzeugungen entsprechen, aber auch (und das ist wahrscheinlicher) Zugeständnisse an die erwartete Rolle und das öffentliche Verhalten von weiblichen Autorinnen darstellen, ein schwieriger Balanceakt.

Handelt es sich bei den Dramen Amalias um komplette Übersetzungen, so hatte Jameson sich vorher schon in einer ungewöhnlichen Art der Kulturvermittlung versucht, die Teil-Übersetzungen enthielt. Ab Herbst 1836 hielt sich Jameson zehn Monate lang in Kanada auf, wo ihr Ehemann in Toronto ein wichtiges Amt übernommen hatte, und ihre Rolle war, sein gesellschaftliches Ansehen und damit seine Stellung in der höchsten Position im Gerichtswesen der Provinz Oberes Kanada zu sichern, obwohl sie schon Jahre getrennt gelebt hatten. In der Form eines Brieftagebuchs schrieb sie über diese Zeit, ihre Lesetätigkeit während des langen Winters und ihre Reisen in den anschließenden warmen Monaten und veröffentlichte es in London: *Winter Studies and Summer Rambles in Canada [...]* (3 Bde., London 1838). Das Werk erschien im Jahr darauf in deutscher Übersetzung: *Winterstudien und Sommerstreifereien in Canada*. Übersetzt von A[dolf]

22 Jameson 1840, I, S. XIX und XXIV.

W[agner], 2 Bde., Braunschweig 1839. Laut Einführung richtet sie sich ausdrücklich an ein weibliches Publikum. Mit Bezug auf Ottilie und die Bekanntheit von Goethe bei englischsprachigen Leserinnen ist dieses Werk einzigartig. Die Wintermonate enthalten nämlich Kritiken und Teil-Übersetzungen von Jamesons deutscher Lektüre, vornehmlich Dramen Goethes und Johann Peter Eckermanns *Gespräche mit Goethe* (1836), wovon sie ein Vorabexemplar erhalten hatte. Sie arbeitete auch einen Aufsatz Ottilies über dieses Werk ein.[23] Kritiker wussten damit wenig anzufangen, und spätere Ausgaben haben diese Teile häufig weggelassen. Literarische Kritik und Übersetzung in einem Reisebuch? Die Forschung hat herausgestellt, dass sich Jameson in Toronto im Winter einsam und unglücklich und auf das Haus beschränkt fühlte, die Weimarer Geselligkeit vermisste und insgesamt ihr Selbstbild und ihre Selbstsicherheit gefährdet sah. Werke Goethes und solche über ihn lesend und übersetzend stellte sie die Kontinuität mit ihren Freundschaften und dem geistigen Austausch in Weimar wieder her, setzte ihre Bildung fort und wandte sich innerhalb der subjektiven Gattung Tagebuch bzw. Reisebuch an andere Frauen – mit ihrer Begeisterung für Goethe, die Weimarer Kultur und weitere Autoren, zum Beispiel Schiller und Grillparzer,[24] obwohl sie laut ihren einführenden Bemerkungen in England nicht mit einem großen Interesse an dem Thema im allgemeinen rechnete. Eine positive Schilderung Ottilies fehlt nicht, auch hat Jameson eine ihrer Liebesgeschichten zu einer »true story« literarisiert, natürlich ohne Namen zu nennen.[25] Erst in den Sommermonaten konnte Jameson das Umland erkunden, darüber schreiben und auf ihre Weise ihr Erleben des fremden Landes und seiner ursprünglichen Kultur für ihre Leserinnen vermitteln, insbesondere der Eingeborenen und ihrer Lebensweise. Anna Jameson betonte immer die Bedeutung besserer Erziehung für Frauen und verfasste auch eine Reihe kunsthistorischer Darstellungen. Ottilie besaß nahezu alle ihre Bücher.

Die englische Schriftstellerin Sarah Austin, geb. Taylor, gilt als die »englische Königin der Übersetzer«[26] in dieser Zeit und ist für den deutsch-britischen Kulturaustausch von nicht geringer Bedeutung. Ihre durchaus interessante Biographie beleuchten neuere Darstellungen unter dem Stichwort des Verborgenen.[27] Austins Übersetzung von Goethes Gesprächen mit Johann Daniel Falk, Kanzler Friedrich von Müller und anderen unter dem Titel *Characteristics of Goethe* (3 Bde., 1833) ist in schwärmerischem Ton gehalten. Anscheinend schickte sie ein Exemplar an Ottilie mit der Widmung »To Madame de Goethe respectfully & gratefully presented by the Translator.«[28] Danach nahm Ottilie brieflich Kontakt mit Austin auf und schlug ihr vor, die *Wahlverwandtschaften* und *Egmont* zu übersetzen. Zwei Szenen sollten

23 Abgedruckt in Hein 2001, S. 409 f.

24 Vgl. Zeller Thomas 2007; Gerry 1990–1991.

25 Vgl. Hein 2001, S. 414. Hughes 2016 spricht deshalb von geteiltem autobiographischen Schreiben.

26 Pickett/McCulloh 1988, S. 66; Schweitzer 1996.

27 Vgl. Hamburger 1985 und 1991.

28 Austin 1833; Ottilies Exemplar mit Widmung in der HAAB, N 3632 (a).

Abb. 44
Weld Taylor nach einem Gemälde von Henry Perronet Briggs, *Sarah Austin*, Lithographie (KSW, Museen, KGr/04207)

schließlich erscheinen in *Fragments from German Prose Writers* (1841), einer Anthologie mit Auszügen aus einer breiten Palette von Schriften von Friedrich II. und Immanuel Kant bis hin zu Rahel Varnhagen.[29] In einem Brief aus dem Jahr 1840 bittet Ottilie die Übersetzerin um Richtigstellung von Vorurteilen im Ausland über das politisch-kritische sogenannte *Junge Deutschland.* Sie äußert sich resigniert über die Unmöglichkeit eigener öffentlicher Wirksamkeit als Frau, nachdem ihre eigenen literarischen Unternehmen nicht auf viel Interesse gestoßen waren.[30]

Ob wohl der Londoner Dramatiker George Henry Lewes ohne Austins und Jamesons Übersetzungen ein Publikum für seine englische Goethe-Biographie gehabt hätte? Wir können es nicht wissen. Anzunehmen ist, dass *Life and Works of Goethe* (1855)[31] wiederum die mit Jameson eng befreundete Autorin George Eliot (Pseudonym für Mary Ann Evans) beeinflusste. Sie arbeitete vermutlich selbst an dem Kapitel »Weimar in the Eighteenth Century« mit, oder Lewes verarbeitete ihre Essays »Three Months in Weimar« (erschienen in *Fraser's Magazine*, 1855) darin.[32]

29 Austin machte auch Adelbert von Chamissos *Peter Schlemihl*, Novalis' *Hymnen an die Nacht* und Leopold von Rankes *History of the Reformation in Germany* in England bekannt.

30 Vgl. Maierhofer 2005.

31 Ottilie von Goethes Exemplar in der HAAB, 7132 a–b, mit ihren Lesespuren.

32 In der neuen deutschen Übersetzung von Nadine Erler: Eliot 2019. Zu Lewes vgl. Ammon 2020. Die Schriftsteller:innen, die Goethe ins Englische übersetzten, wurden zu den anerkanntesten des Viktorianischen Zeitalters, vgl. Maertz 2017.

Ausblick: Die englischsprachige Bibliothek Ottilie von Goethes

Abschließend sei hier noch ein Blick auf Ottilies Sammlung englischsprachiger Bücher geworfen,[33] die an anderer Stelle weiter zu erforschen ist. Darin zu finden ist ein breites Spektrum noch heute bekannter Autor:innen, aber noch mehr vergessener Schriftstellerinnen, darunter sehr viele englische. Jameson mag sie mit den Werken bekannt gemacht haben. Ottilie mag fasziniert verfolgt haben, wie beliebt und vielgelesen Werke von Frauen im Königreich waren. Ihr Lieblingsthema Irland und die irische Revolution sind natürlich stark vertreten, und sie unterstützte damit die publizistischen Arbeiten ihres Freundes Gustav Kühne. In dieser spezifischen Thematik besaß sie u. a. Bücher über die irische Sprache und von der amerikanischen Reformerin Asenath Nicholson am Vorabend der großen Hungerperiode (*Irelands Welcome to the Stranger*, 1847). Auch *Reliques of Irish Poetry* (1789) von Charlotte Brooke ist ein Meilenstein gälischer Kultur von einer Pionierin in literarischer Übersetzung, die dieses Werk im Zuge der Ossian-Begeisterung verfasste. Ottilie kannte anscheinend auch Werke von Maria Edgeworth, die als eine der ersten realistische Werke für Kinder schrieb.

Die Tatsache, dass Ottilie Goethes Erbe pflegte und in andere Länder vermittelte, schloss ihr Interesse am politischen Geschehen und den Fragen der Zeit nicht aus. Sie suchte das »Junge Deutschland« bekannter zu machen, und sie besaß Reiseberichte und Romane, die sich gegen die Sklaverei richteten, u. a. von Amelia Opie, Frances Anne Butler, William E. Channing und Caroline Howard Gilman, darunter in Amerika gedruckte Bände. Was dachte sie darüber? Was vermittelte sie aus den verschiedenen Kreisen, in denen die Übersetzer:innen sich bewegten, an den Weimarer Kreis von Adligen und Intellektuellen? Es gibt noch viel zu entdecken zu Ottilie von Goethe und ihrem Netzwerk.

Hayward schrieb im Vorwort zur zweiten Ausgabe seiner *Faust*-Übersetzung, jeder kenne die wunderbaren Übersetzungen des »Prologs im Himmel« von Mary Shelley und habe viele junge Leute zum eifrigen Lernen der deutschen Sprache gebracht (»have won many a young mind to the arduous study of the German language«).[34] Als Germanistin in den USA kann ich nur wünschen, diese Aussage wäre noch zutreffend.

33 GSA 40/XXXI,11.

34 Hayward 1834, S. IX.

Ottilie von Goethe und Bettina von Arnim – Weibliche Selbstinszenierung und gegenseitige Zuschreibungen

Yvonne Pietsch

»Du warst Bettinen nicht abgeneigt; wenn du sie findest, sey ihr freundlich«[1], schreibt Goethe in einem (nicht abgesandten) Briefkonzept vom 24. Januar 1824 an Ottilie, die sich in dieser Zeit in Berlin aufhält. »Goethes Schwiegertochter ist jetzt hier und wird statt seiner fetirt, wobei sich die Leute sehr wundern, daß sie gar keine Aehnlichkeit mit dem alten Göthe hat«[2], witzelt Bettinas Mann Ludwig Achim von Arnim über Ottilies Berliner gesellschaftliche Auftritte in einem Brief an Jacob und Wilhelm Grimm. Die beiden Frauen Bettina von Arnim und Ottilie von Goethe nähern sich einander in dieser Zeit an, wie es Goethes Wunsch ist. Einige wenige überlieferte Briefe zeugen von vertraulichem Austausch,[3] jedoch liegt Bettina von Arnims Fokus stets auf Goethe. 1824 macht Bettina in Weimar Station. Sie stellt ihm bei ihren Besuchen am Frauenplan ihren Entwurf eines für Frankfurt am Main geplanten Goethe-Denkmals vor, das Goethe als olympischen Gott auf einem verzierten Sessel sitzend darstellt – an seine Knie schmiegt sich eine Psyche, die in die Leier des Dichters greift. Im Sommer 1826 kehrt Bettina für einige Tage wiederum nach Weimar zurück. Während dieses

Abb. 45
Louise Seidler, *Ottilie von Goethe*, Pastell, um 1845 (KSW, Museen, KGe/01241)

Abb. 46
Ludwig Emil Grimm, Bettina von Arnim vor ihrem Entwurf der Goethe-Statue (KSW, Museen, DK 21/92)

1 WA IV,38, S. 300.

2 Steig 1904, S. 536 f.

3 Drei Briefe Bettina von Arnims an Ottilie von Goethe sind im GSA überliefert: GSA 40/I,1,11.

Aufenthaltes muss es zu einer (nicht näher zu ermittelnden) Klatscherei über Ottilie durch Bettina gekommen sein, die Goethe so sehr verstimmt, dass er ihr danach das Haus verbietet: »Diese leidige Bremse ist mir als Erbstück von Meiner guten Mutter schon viele Jahre sehr unbequem. Sie wiederholt dasselbe Spiel das ihr in der Jugend allenfalls kleidete wieder, spricht von Nachtigallen und zwitschert wie ein Zeisig«, mokiert sich Goethe gegenüber Großherzog Carl August.[4]

1806, als 21-Jährige, hatte Bettina die Freundschaft zu Goethes Mutter Catharina Elisabeth gesucht und sich von ihr Anekdoten aus Goethes Kindheit und Jugend erzählen lassen, die Goethe wiederum später für *Dichtung und Wahrheit* nutzte. Ihre Annäherungsversuche an Goethe gestalteten sich, wie Goethes Ausspruch zeigt, auf Dauer weniger erfolgreich. Als sie 1830 ein letztes Mal nach Weimar kommt, lässt sie Goethe nicht zu sich.

Bettinas Pose des ›ewigen Kindes‹, mit der sie sich ihm, dem ›Vater‹, mit unnachahmlicher Zudringlichkeit nähert, wird in einem Brief an Ottilie als Selbstinszenierung in unterwerfender, erotisierter Hingabe thematisiert: »zu seinen [Goethes] Füssen will ich liegen und meine Brust unter seine Füsse legen; kann das was schaden?«[5] Die hier (und nicht zuletzt in Bettinas 1835 erschienenem Goethe-Buch *Briefwechsel mit einem Kinde*) vollzogene erotische Aufladung der Beziehung zu Goethe wird nur in Bettinas Phantasie, im Traum gelebt, und ist vermutlich Reaktion auf Goethes ablehnende Haltung auf ihre zudringliche Annäherung. Die dezidierte Offenherzigkeit gegenüber Ottilie in dieser Thematik zeigt, dass Bettina Ottilie in ihrer Goethe-Verehrung als Gleichgesinnte sieht. Ihr Selbstverständnis als kindliche Verehrerin findet sie im Austausch mit Ottilie bestärkt.

Auch in ihrem Kondolenzschreiben an Ottilie nach Goethes Tod 1832 ist ihr hymnischer Nachruf auf Goethe mit erotisierten Metaphern aufgeladen, die schließlich in der Fruchtbarmachung der Frau als Schreibende kulminiert: »Weimar wird mir immer noch der wichtige Ort bleiben der er mir von jeher war, sein Leib liegt da begraben ich habe einen wahren Durst die Erde zu küssen die Ihn deckt; wenn Himmels regen auf den Saamen niederfällt um den Keim aus ihm zu erschließen so hat Goethe mich geweckt; […] ich hatte *nie* eine andere Liebe; sie drückte sich umso schwärmerischer in meinen Briefen aus […]«.[6] Aus der bislang passiven Rolle des Kindes erwächst nun die Selbstermächtigung zur Autorin. Interessanterweise sendet Bettina wohl in dieser Zeit eine Zeichnung an Ottilie, die – ebenso wie der Kondolenzbrief – ohne eine überlieferte Reaktion Ottilies bleibt.

Da Bettina häufig einen Kontakt mit einem Geschenk initiiert,[7] ist es sogar möglich, dass sie die Zeichnung dem Kondolenzschreiben beigelegt hat, um mit dieser erzwungenen Intimität eine Reaktion der Brief-

4 WA IV,50, S. 55.

5 Bettina von Armin an Ottilie von Goethe am 27. August 1826, in: Härtl 1993, S. 276.

6 GSA 40/I,1,11, Bl. 1r.

7 Vgl. Becker-Cantarino 2019, S. 345.

empfängerin zu provozieren. Bei der eigenhändigen Zeichnung mit dem Titel *Trunkene Bacchantin*, die in mehreren Fassungen überliefert ist, handelt es sich um die Darstellung einer weiblichen Aktfigur. Bettina notiert auf dem Ottilie geschenkten Blatt: »Eine vom Duft des Weines betäubte Bachantin nach der Natur gezeichnet / und erfunden Bettine v. Arnim«[8]: Zu sehen ist eine besinnungslose Frau vor einer Felsgrotte, die in verrenkter Stellung über einer Raubkatze liegt. Ihre Augen sind geschlossen, sie scheint berauscht vom Wein, der durch einen Weinstock ebenfalls auf dem Bild präsent ist. Aus ihrer Hand ist eine Fackel zu Boden gefallen. Ihre rechte Brust wird von der Raubkatze beleckt. Diese Figuration findet sich dann später als Detail in einer größeren Zeichnung Bettinas mit dem Titel *Bacchus rettet Psyche aus dem dionysischen Taumel*, die sie im Kontext einer Erweiterung ihres Projektes für ein Goethe-Denkmal entwarf.[9]

Es gehört zu Bettinas Inszenierungsmustern, sich mit den von ihr dargestellten Figuren gleichzusetzen: Neben die Rolle des ›ewigen Kindes‹ und der *Psyche* im Goethe-Denkmal tritt als dritte Figuration die Mänade, die entfesselte, berauschte Frau. Nach dem Tod ihres Mannes kommt eine vierte Verkörperung hinzu: die der Künstlerin, der Schriftstellerin.

Abb. 47
Bettina von Arnim, *Trunkene Bacchantin*, Graphitzeichnung, um 1832 (KSW, Museen, KHz/AK0885)

8 KSW, Museen, Khz/AK0885, nicht datiert. Der Vermerk ist beinahe deckungsgleich mit dem auf der ähnlichen Zeichnung für Hermann Fürst von Pückler-Muskau (»eine vom Duft des Weines betäubte Bacchantin nach der Natur gezeichnet und erfunden / Bettine v. Arnim«), die Bettina diesem am Anfang ihres intensiven Briefwechsels schickte, vgl. Böhm 2018, II, Nr. 11a, S. 109; Maisak 2019, S. 560, Abb. 1.

9 Vgl. Böhm 2018, II, Nr. 31. Aus Bettinas Entwurf realisierte der Bildhauer Carl Steinhäuser 1851 das Goethe-Denkmal, heute im Museum Neues Weimar.

1835 erscheint Bettina von Arnims aus drei Büchern bestehender, mit Fiktionalisierungen versehener *Briefwechsel mit einem Kinde*. Erinnerung, Selbstdarstellung, Historisch-Biographisches und Literarisches werden darin kunstvoll miteinander in Beziehung gesetzt. Mit dem Erlös aus den Einnahmen möchte sie ihr Goethe-Denkmal realisieren: Das erste Buch enthält die Korrespondenz Bettina Brentanos mit Goethes Mutter Catharina Elisabeth und mit Goethe bis zum Tod der Mutter 1808. Das zweite Buch umfasst den Briefwechsel mit Goethe von 1808 bis 1823/24. Das dritte Buch ist ein »Tagebuch« des ›Kindes‹, das bis über den Tod Goethes hinausreicht. Der *Briefwechsel* wird ein großer Publikumserfolg, obgleich kontrovers in der Öffentlichkeit diskutiert aufgrund der Schilderungen erotischer Verwicklungen und Liebesbekundungen.

Ottilies Rezeption von Bettina als Schriftstellerin ist überliefert im Zusammenhang eines eigenhändig vor April 1839 niedergeschriebenen Textes für ihre langjährige Freundin, die englische Schriftstellerin Anna Jameson, in dem sie über die Emanzipationsbestrebungen und Rollen von zeitgenössischen Frauen reflektiert: »Die eigentliche Achtung für weiblichen Genius gewannen die Deutschen erst durch Bettina und Rahel.«[10] Interessanterweise in der Abschrift von Anna Jameson ist die Reihenfolge bei der Nennung der beiden Frauen umgekehrt: »Die eigentliche Achtung für weiblichen Genius gewannen die Deutschen erst durch Rahel und Bettine.«[11]

10 GSA 40/XXIV,5,4, Bl. 11, vgl. Fabbri im vorliegenden Band.

11 GSA 40/VIII,9,1,4, Bl. 2r.

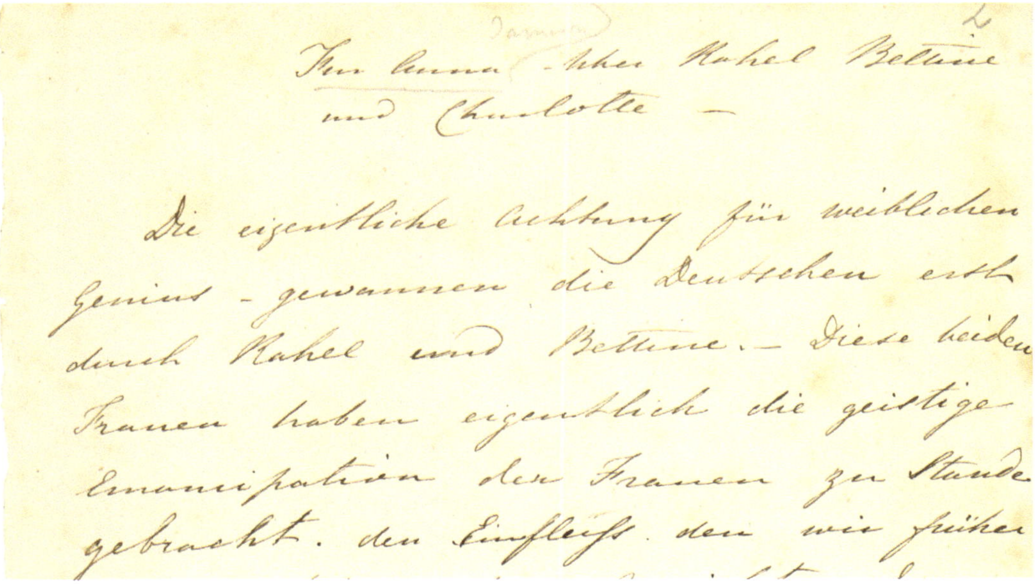
Für Anna – Ueber Rahel Bettine
und Charlotte –

Die eigentliche Achtung für weiblichen
Genius – gewannen die Deutschen erst
durch Rahel und Bettine. – Diese beiden
Frauen haben eigentlich die geistige
Emancipation der Frauen zu Stande
gebracht. den Einfluss den wir früher

Abb. 48
Anna Jameson, Abschrift von Ottilie von Goethes Text über Bettina, Rahel und Charlotte (KSW, GSA 40/VIII,9,4)

Auch Karl Gutzkow verfasste 1835 einen Aufsatz mit dem Titel »Rahel, Bettina, Charlotte Stieglitz«, in dem dieser die drei Frauen als die »drei Parzen« würdigte, »die den Faden der neuern deutschen Literatur [...] anlegten, spannten, abschnitten.«[12] Gutzkow und Ottilie von Goethe nennen als weibliche Ikonen ihrer Zeit Rahel Varnhagen, geb. Levin, und Bettina von Arnim. Für beide ist ihre Goethe-Verehrung kennzeichnend, für Rahel Varnhagen das posthum 1834 erschienene Erinnerungsbuch *Rahel. Ein Buch des Andenkens für ihre Freunde*, für Bettina von Arnim der *Briefwechsel mit einem Kinde*. Charlotte von Stieglitz ist bei Gutzkow wie auch bei Ottilie von Goethe die dritte in diesem Bunde. Die heute weitgehend unbekannte Charlotte von Stieglitz war zu Berühmtheit gelangt, da sie sich 1834 selbst erdolcht hatte, um durch ihren Tod ihrem Mann, einem wenig erfolgreichen Schriftsteller, zu neuem literarischen Schaffen zu verhelfen.[13] Ottilie begreift die drei Frauen wie Gutzkow als herausragende Persönlichkeiten ihrer Zeit, und besonders Bettina von Arnim ist für Ottilie vergleichbar mit dem »Genius der Nacht«[14], indem sie »der Phantasie die Flügel los [band]«.[15]

Im Zusammenhang mit allen drei Persönlichkeiten sieht Ottilie von Goethe darüber hinaus die Funktion der drei Frauen als Projektionsfiguren einer nationalen weiblichen Identität: »In diesen drei Frauen ist eigentlich die ganze Nationalität der deutschen Frauen abgespielt«, fasst Ottilie resümierend zusammen, da sie die äußerste »Grenzlinie« für »Gemüth, Phantasie, Denkkraft« markieren.[16]

Ein hoch interessantes Rezeptionszeugnis, das auch ein neues Licht auf Ottilies eigene Emanzipationsbestrebungen als Schriftstellerin wirft.

12 Gutzkow [1835], S. 215.

13 Vgl. Wülfing 2005, S. 164–166.

14 GSA 40/XXIV,5,4, Bl. 11.

15 Ebd.

16 Ebd.

Abb. 49
Lacksiegel aus einem Brief Ottilie von Goethes an Adele Schopenhauer, Weimar, 2. September 1829 (KSW, GSA 40/ XXII,3,1)

Abb. 50
Allwina Frommann, Wappen der Familie Goethe, aus der Sammlung Ottilie von Goethes (KSW, Museen, ID 215707)

Literatur

Amalie von Sachsen 1873 – Amalie Friederike Auguste, Prinzessin von Sachsen. Dramatische Werke der Prinzessin Amalie, Herzogin von Sachsen. Hg. v. Robert Waldmüller. 6 Bde. Leipzig 1873.

Ammon 2020 – Frieder von Ammon: *George Henry Lewes' »The Life and Works of Goethe«*, in: Goethe-Jahrbuch, Bd. 137 2020, S. 181–192.

Austin 1833 – Sarah Austin: Characteristics of Goethe. From the German of Falk, von Müller, & c. With Notes, Original and Translated, Illustrative of German Literature by Sarah Austin. 3 Bde. London 1833.

Barbanti Tizzi 2007 – Alessandra Barbanti Tizzi: Saggi goethiani. Autografi inediti, proposte di attribuzione, e altre note di letteratura tedesca. Moncalieri 2007.

Baumgärtel 2018 – Bettina Baumgärtel (Hg.): Angelika Kauffmann. Unbekannte Schätze aus Vorarlberger Privatsammlungen. München 2018.

Beck 2010 – Eva Beck: *Brief von Ottilie von Goethe an Louise Seidler vom 17. Dezember 1858*, in: Manuskripte (Nr. 3) 2010, S. 15–21.

Becker-Cantarino 2000 – Barbara Becker-Cantarino: Schriftstellerinnen der Romantik: Epoche – Werke –Wirkung. München 2000.

Becker-Cantarino 2019 – Barbara Becker-Cantarino: *Gespräch, Geselligkeit, Salon*, in: Bettina von Arnim Handbuch. Hg. v. Barbara Becker-Cantarino. Berlin/Boston 2019.

Bibliothek 1905 – Die Bibliothek Maximilian Wolfgang von Goethe's. Teil I u. II. Kiel 1905.

Bluhm 1962–1979 – Heinz Bluhm (Hg.): Ottilie von Goethe, Tagebücher und Briefe von und an Ottilie von Goethe. 5 Bde. Wien/Bern 1962–1979.

Bluhm 1964 – Heinz Bluhm (Hg.): Henriette von Pogwisch. Weimar im Jahr 1832. Briefe an Adele Schopenhauer. Wien 1964.

Boerner 2000 – Nancy und Peter Boerner: *Auch ein »Glückliches Ereignis«. Funde zur Ottilie von Goethe in der Newberry Library*, in: Literatur und Demokratie. Hartmut Steinecke zum 60. Geburtstag. Berlin 2000, S. 23–34.

Böhm 2018 – Dajana Böhm: Bettina von Arnim und ihr künstlerisches Werk. 2 Bde. Göttingen 2018.

Brandis 1913/1914 – Carl Georg Brandis: *Zu Ottilie von Goethes »Chaos«*, in: Zeitschrift für Bücherfreunde. Neue Folge. Bd. V 1913/1914, (Nr. 8), S. 241–252; (Nr. 9), S. 272–285.

Brandl 1899 – Alois Brandl: *Goethes Verhältnis zu Byron*, in: Goethe-Jahrbuch. Bd. 20 1899, S. 3–37.

Bratranek 1870 – Francis Thomas Bratranek (Übers. und Hg.): Zwei Polen in Weimar (1829). Ein Beitrag zur Goetheliteratur aus polnischen Briefen. Wien 1870.

Bulling 1958 – Karl Bulling: Geschichte der Universitätsbibliothek Jena 1559–1945. Weimar 1958.

Butler 1956 – Eliza Marian Butler: Byron and Goethe. Analysis of a Passion. London 1956.

Castle 1935 – Eduard Castle: *Ottilie von Goethe in Wien*, in: Chronik des Wiener Goethe-Vereins. Bd. 40 1935, S. 1–9.

Chessel 2009 – Antony Chessell: The Life and Times of Abraham Hayward, Q. C. Victorian Essayist, »One of the Two Best Read Men in England«. London 2009.

Des Voeux 1827 – Charles Des Voeux: Torquato Tasso. A dramatic poem, from the German of Goethe; with other German poetry. Translated by Charles Des Voeux, Esq. London 1827.

Des Voeux 1833 – Charles Des Voeux: Torquato Tasso. A dramatic poem, from the German of Goethe; with other German poetry. Translated by Charles Des Voeux, Esq. Second edition revised and corrected, with additions. Weimar 1833.

Di Bartolo 2007 – Julia Di Bartolo: *Der »Theetisch« und der »Musenverein«. Besondere Formen von Öffentlichkeit in Weimar zu Beginn des 19. Jahrhunderts?*, in: Zeitschrift des Vereins für Thüringische Geschichte. Bd. 61 2007, S. 157–180.

Döbritz 1957 – Walther Döbritz: *Die Weimarer Zeitschrift »Chaos« und Goethes Beitrag »An Sie«*, in: Scripta Manent. Bd. 2 1957, S. 8–11.

Dow 2007 – Gillian E. Dow (Hg.): Translators, Interpreters, Mediators. Women Writers 1700–1900. Bern 2007.

Düntzer 1856 – Heinrich Düntzer: *Zwei unbekannte Scherzlieder Goethes*, in: Weimarer Sonntagsblatt (Nr. 35) 1853, S. 341–342.

Düntzer 1886 – Heinrich Düntzer: Goethes Maskenzüge. Leipzig 1886

Eitner 1871 – Karl Eitner: Ein Engländer über deutsches Geistesleben im ersten Drittel dieses Jahrhunderts. Aufzeichnung Henry Crabb Robinson's nebst Biographie und Einleitung. Weimar 1871.

Eliot 2019 – George Eliot: Zu Gast in Weimar. Weimar 2019.

Erskine 1915 – Steuart Erskine: Anna Jameson. Letters and Friendships (1812–1820). London 1915.

FA – Johann Wolfgang von Goethe: Sämtliche Werke. Briefe, Tagebücher und Gespräche. Hg. v. Friedmar Apel

u. a. 40 Bde. [Frankfurter Ausgabe] Frankfurt am Main 1985–1999.

Fabbri 2021 – Francesca Fabbri: *Auf den Spuren der Familie Schopenhauer. Einblicke in die Sammlungen der Herzogin Anna Amalia Bibliothek*, in: Supralibros (Nr. 26) 2021, S. 41–44.

Fabbri/Häfner 2019 – Francesca Fabbri/Claudia Häfner: Adele Schopenhauer. Unbekanntes aus ihrem Nachlass in Weimar. Wiesbaden 2019.

Fiedler 1919 – Hermann Georg Fiedler: *A letter from Ottilie von Goethe to Sarah Austin*, in: Modern Language Review. Bd. 14 1919, S. 330–330.

Fink 1936 – Reinhard Fink, *Das »Chaos« und seine Mitarbeiter*, in: Otto Glauning zum 60. Geburtstag. Festgabe aus Wissenschaft und Bibliothek. Leipzig 1936, S. 43–45.

Freyer/Horn/Grochowina – FrauenGestalten Weimar – Jena um 1800. Ein bio-bibliographisches Lexikon. Hg. v. Stefanie Freyer, Katrin Horn und Nicole Grochowina. Heidelberg 2009.

Gerry 1990–1991 – Thomas Gerry: *»I am Translated« – Anna Jameson's Sketches and Winter Studies and Summer Rambles in Canada*, in: Journal of Canadian Studies. Bd. 25 (Nr. 4) 1990–91, S. 34–49.

Gersdorff 2021 – Dagmar von Gersdorff. Die Schwiegertochter. Das Leben der Ottilie von Goethe. Berlin 2021.

Gerstenbergk 1901 – Jenny von Gerstenbergk: Ottilie von Goethe und ihre Söhne Walther und Wolf in Briefen und persönlichen Erinnerungen. Stuttgart 1901.

Glossy 1891 – Carl Glossy: *Briefe von und an Grillparzer*, in: Jahrbuch der Grillparzer-Gesellschaft. Bd. 15 1890 (1891), S. XVII–396.

[Goethe] 1852 – [Walther von Goethe]: Henriette Ottilie Ulrike, Majorin Freifrau v. Pogwisch, geborene Gräfin Henckel von Donnersmarck. Weimar 1852.

Grbić/Wolf 2002 – Nadja Grbić/Michaela Wolf (Hg.): Grenzgängerinnen. Zur Geschlechterdifferenz in der Übersetzung. Graz 2002.

Groß 1885 – Heinrich Groß: Deutsche Dichterinnen und Schriftstellerinnen in Wort und Bild. Berlin 1885.

Grünstein 1937 – Leo Grünstein: *Ottilie von Goethe und ihr Wiener Freundeskreis*, in: Wiener Zeitung. 24. Oktober 1937, S. 2–3.

Gutzkow [1835] – Karl Gutzkow: *Rahel, Bettina, Charlotte Stieglitz* [1835], in: Ders.: Gesammelte Werke. Erste vollständige Gesammt-Ausgabe. Erste Serie. Zweite vermehrte und verbesserte Auflage. Bd. 9: Oeffentliche Charaktere. Jena. [1875], S. 215-229.

Häfner 2009 – Claudia Häfner: *»Ich finde wieder Freundes Blick«. Freundschaft in der literarischen Geselligkeit des Weimarer Musenvereins*, in: Schwestern und Freundinnen. Zur Kulturgeschichte weiblicher Kommunikation. Hg. v. Eva Labouvie. Köln/Weimar/Wien 2009, S. 122–142.

Hayward 1833 – Abraham Hayward: Faust. A dramatic poem translated into English prose, with remarks on former translations, and notes, by the translator of Savigny's »Of the vocation of our age for legislation and jurisprudence«. London 1833.

Hayward 1834 – Abraham Hayward: Faust. A Dramatic Poem, by Goethe. Translated into English prose with Remarks on Former Translations, and Notes. [...] by A. Hayward, esq. 2nd ed. To which is appended an abstract of the continuation, with an account of the story of Faust and the various productions in literature and art founded on it. London 1834.

Hamburger 1985 – Lotte und Joseph Hamburger: Troubled Lives. John and Sarah Austin. Toronto 1985.

Hamburger 1991 – Lotte und Joseph Hamburger: Contemplating Adultery. The Secret Life of a Victorian Woman. New York 1991.

Härtl 1993 – Heinz Härtl: *»Der der liebt hat alles«. Ein Brief Bettina von Arnims an Goethes Schwiegertochter Ottilie*, in: Jahrbuch des Freien Deutschen Hochstifts. 1993, S. 276–280.

Hauhart 1909 – William Frederic Hauhart: The Reception of Goethe's Faust in England in the First Half of the Nineteenth Century. New York 1909.

Hecht 1964 – Wolfgang Hecht: *Goethes Maskenzüge*, in: Studien zur Goethezeit. Weimar 1968, S. 127–421.

Hecker 1930 – Max Hecker: *Ein Brief der Ottilie v. Goethe an den Kanzler Friedrich v. Müller*, in: Armin Tille zum 60. Geburtstag. Weimar 1930, S. 275–291.

Hein 2001 – Karsten Hein: Ottilie von Goethe (1796–1872). Biographische und literarische Beziehungen der Schwiegertochter Goethes. Frankfurt am Main 2001.

Hoffmann 2011 – Eva Hoffmann: Goethe aus Goethe gedeutet. Tübingen 2011.

Holtei 1845 – Karl von Holtei: Vierzig Jahre. Bd. 5. Breslau 1845.

Houben 1923 – Heinrich Hubert Houben (Hg.): Ottilie von Goethe. Erlebnisse und Geständnisse 1832–1857. Leipzig 1923.

Hughes 2015 – Linda K. Hughes: *Trace Collaboration and the Problem of Evidence. Anna Jameson and Ottilie von Goethe*, in: Studies in Victorian and Modern Literature. Madison 2015, S. 39–50.

Hughes 2016 – Linda K. Hughes: *»Given in outline and no more«. The shared life writing of Anna Jameson and Ottilie von Goethe*, in: Forum for Modern Language Studies. Bd. 52 (Nr. 2) 2016, S. 161–171.

Ippel 1885–1886 – Eduard Ippel (Hg.): Briefwechsel zwischen Jakob und Wilhelm Grimm, Dahlmann und Gervinus. Berlin 1885–1886.

Jameson 1834 – Anna Jameson: Visits and Sketches at Home and Abroad. 4 Bde. London 1834.

Jameson 1840 – Anna Jameson: Social Life in Germany, illustrated in the acted Dramas of Her Royal Highness The Princess Amelia of Saxony. Translated from the German, with an Introduction and Notes, Explanatory of the German Language and Manners by Mrs. Jameson. 2 Bde. London 1840.

Janetzki 1982 – Ulrich Janetzky (Hg.): Ottilie von Goethe. Goethes Schweigertochter. Ein Portrait. Frankfurt a. M. 1982.

Johnston 1997 – Judith Johnston: Anna Jameson. Victorian, Feminist, Woman of Letters. Aldershot 1997.

Jones 1933 – Trevor D. Jones: *Englisch Contributors to Ottilie von Goethe's »Chaos«*, in: Publications of the English Goethe Society. Bd. 9 1933, S. 68–91.

Kahl/Kalvelage 2015 – Paul Kahl/Hendrik Kalvelage: Das Goethe-Nationalmuseum in Weimar. Bd 1: Das Goethehaus im 19. Jahrhundert. Dokumente. Göttingen 2015.

Keil 1873 – Robert Keil: *Ottilie von Goethe, mitgeteilt von einem Wiener Freund Ottilien von Goethe's*, in: Der Salon für Literatur, Kunst und Gesellschafft. Bd. 2 1873, S. 847–860.

Kipfmüller 1914 – Bertha Kipfmüller: *Goethes Schwiegertochter*, in: Die Propyläen, Bd. 11 (Nr. 24) 1914, S. 369–372.

Klemm 1859 – Gustav Friedrich Klemm: Die Frauen. Culturgeschichtliche Schilderungen des Zustandes und Einflusses der Frauen in den verschiedenen Zonen und Zeitaltern. Bd. 6. Dresden 1859.

Koehler 1882 – Reinhold Koehler, *Ein Brief Goethes an Alessandro Poerio und Aufzeichnungen des letzteren über seinen persönlichen Verkehr mit Goethe*, in: Archiv für Litteraturgeschichte. Bd. 11 1892, S. 386–395.

Koenig-Warthausen 1942 – Gabriele von Koenig-Warthausen: Deutsche Frauen in Italien. Briefe und Bekenntnisse aus drei Jahrhunderten. Wien 1942.

Koenig-Warthausen 1944 – Gabriele von Koenig-Warthausen (Übers. u. Hg.): Ottilie von Goethe an Anna Gargallo. Briefe an eine italienische Freundin. Wien 1944.

Kohut 1887 – Adolph Kohut: *Gustav Kühne und Ottilie v. Goethe*, in: Zeitgeist (Nr. 1) 03.01.1887, S. 3–4.

Kretschmann 1891 – Lily von Kretschmann: *Ottilie von Goethe und ihre Söhne aus den Erinnerungen einer Zeitgenossin*, in: Westermanns illustrierte Monatshefte. Bd. 70 1891, S. 97–109.

Kretschmann 1891a – Lily von Kretschmann: Weimars Gesellschaft und das Chaos. Braunschweig 1891.

Kühn 1912 – Paul Kühn: Die Frauen um Goethe. Weimarer Interieurs. Bd. 2. Leipzig 1912.

Kühne 1843 – Gustav Kühne: Portraits und Silhouetten. Hannover 1843.

Kühne 1865 – Gustav Kühne: Deutsche Charaktere. Dritter Theil: Aus dem »goldenen« Zeitalter der Litteratur. Leipzig 1865.

Kühne 1873 – Gustav Kühne: *Ottilie von Goethe*, in: Beilage zur Allgemeinen Zeitung. 18.01.1873, S. 273–274.

Linder 1997 – Jutta Linder: *Il carteggio tra Ottilie von Goethe e Giuseppe Valentinelli*, in: Miscellanea Marciana. Bd. 7/9 1997, S. 385–457.

Loužil 1999 – Jaromír Loužil: *Franz Thomas Bratranek und Ottilie von Goethe*, in: Mährische deutschsprachige Literatur. Eine Bestandsaufnahme. Beiträge der internationalen Konferenz Olmütz. Olomouc 1999, S. 82–93.

Maertz 2017 – Gregory Maertz: Literature and the Cult of Personality. Essays on Goethe and His Influence. Stuttgart/Hannover 2017.

Maierhofer 2005 – Waltraud Maierhofer: *»von jedem öffentlichen Wirken in Deutschland ausgeschloßen«. Ein Brief Ottilie von Goethes an Sarah Austin (4. Aug. 1840)*, in: Goethe Yearbook, Bd. XIII 2005, S. 181–187.

Maisak 2019 – Petra Maisak: *Bettina von Arnim als bildende Künstlerin*, in: Bettina von Arnim Handbuch. Hg. v. Barbara Becker-Cantarino. Berlin/Boston 2019, S. 549–576.

Marquardt 1967 – Hertha Marquardt: Henry Crabb Robinson und seine deutschen Freunde. Brücke zwischen England und Deutschland im Zeitalter der Romantik. Göttingen 1964–1967.

Mathison 1975 – John K. Mathison: The German Sections of Vanity Fair and Other Studies. Laramie 1975.

Mejer 1889 – Otto Mejer: Wolf Goethe. Ein Gedenkblatt. Weimar 1889.

Mildenberger 2013 – Hermann Mildenberger: *Albion und Weimar-Streiflichter*, in: Wahlverwandtschaften. Eine englische private Sammlung zur Kunst der Goethezeit. London 2013, S. 30–49.

Müller-Krumbach/Wollkopf 1995 – Renate Müller-Krumbach / Roswitha Wollkopf: Verlassenschaften. Der Nachlass Vulpius. Weimar 1995.

Münz 1895 – Sigmund Münz: *Briefe Ottilie Goethes und Anderer an Sarah Austin*, in: Neue Freie Presse (Nr. 10915) 1895. Wien 1895, S. 1–4.

Mutschmann 1913 – Heinrich Mutschmann: *An unpublished letter from Ottilie von Goethe to A. Hayward*, in: Modern Language Review. Bd. VIII 1913, S. 377–380.

Mutschmann 1919 – Heinrich Mutschmann: *Sarah Austin und die deutsche Literatur*, in: Die neueren Sprachen Bd. XXVII (Nr. 3–4) 1919, S. 97–128.

Needler 1939 – George H. Needler: Letters of Anna Jameson to Ottilie von Goethe. London 1939.

Norman 1930 – Frederick Norman: Henry Crabb Robinson und Goethe. London 1930–1931.

Oettingen 1912–1913 – Wolfgang von Oettingen (Hg.): Aus Ottilie von Goethes Nachlaß. Briefe und Tagebücher von ihr und an sie bis 1832. Schriften der Goethe-Gesellschaft (Nr. 27–28). Weimar 1912-1913.

Otto/Schmidt 1999 – Almut Otto / Thomas Schmidt: *»Ilm-Athen« oder »Deutsches Babel«? Der Salon der Ottilie von Goethe zwischen Weltläufigkeit und Provinzialismus*, in: Europa – ein Salon. Beiträge zur Internationalität des literarischen Salons. Göttingen 1999, S. 161–189.

Pickett/McCulloh 1988 – T. H. Pickett / Mark McCulloh: *Sarah Austin's Letters to K. A. Varnhagen von Ense (1833–1843)*, in: Euphorion. Bd. 82 (Nr. 1) 1988, S. 63–88.

Pierson 1889 – Edgar Pierson: Gustav Kühne. Sein Lebensbild und Briefwechsel mit Zeitgenossen. Dresden 1889.

Pnevmonidou 2015 – Elena Pnevmonidou: *Ottilie von Goethe as the Editor of the Journal Chaos (1829–1832)*, in: Weibliche Kreativität um 1800. Hg. v. Linda Dietrick und Birte Giesler. Wehrhahn 2015, S. 237–256.

Pnevmonidou 2018 – Elena Pnevmonidou: *Between Homage and Transgression: Cosmopolitan Cultural Practice in Ottilie von Goethe's Journal Chaos (1829–1832)*, in: seminar. Bd. 54 (Nr. 2) 2018, S. 195–214.

Prawer 1997 – Siegbert Solomon Prawer: Breeches and Metaphysics. Thackeray's German Discourse. Oxford 1997.

Rahmeyer 1988 – Ruth Rahmeyer: Ottilie von Goethe. Das Leben einer ungewöhnlichen Frau. Stuttgart 1988.

Rahmeyer 1990 – Ruth Rahmeyer: *Ein Brief Ottilie von Goethes an Friedrich Fürst zu Schwarzenberg*, in: Jahrbuch des Wiener Goethe-Vereins. Bd. 94 1990, S. 155–163.

Rahmeyer 2001 – Ruth Rahmeyer: *Abschied in Freundschaft. Ottilie von Goethe zum 130. Todestag*, in: Goethe-Jahrbuch. Bd. 118 2001, S. 361–365.

Rahmeyer 2002 – Ruth Rahmeyer: Ottilie von Goethe. Eine Biographie. Frankfurt am Main 2002.

Rasche 2000 – Hermann Rasche: *»›Padd‹ weint und lacht zwar anders als wir […]. Ottilie von Goethe, Ferdinand Kühne und ›Die Rebellen von Irland‹«*, in: Das schwierige neunzehnte Jahrhundert. Germanistische Tagung zum 65. Geburtstag von Eda Sagarra im August 1998. Hg. v. Jürgen Barkhoff. Tübingen 2000, S. 547–557.

Reiserer 2021 – Kate Reiserer: Vier Übersetzerinnen und ihre neun Ehemänner. Ehe und Übersetzung in der Romantik. Berlin 2021.

Richter 2001 – Thomas Richter: *Doris Zelters Briefe nach Weimar 1818–1834. Teil 2,* in: Goethe-Jahrbuch. Bd. 117 2000, S. 247–274.

Rollet 1883 – Hermann Rollet: Die Goethe Bildnisse. Biographisch-kunstgeschichtlich dargestellt. Wien 1883.

Salmen 2006 – Walter Salmen: Goethe und der Tanz. Tänze – Bälle – Redouten – Ballette im Leben und Werk. Hildesheim 2006.

Sarfert 1998 – Hans-Jürgen Sarfert: *Ottilie von Goethe und Dresden*, in: Hellerau-Almanach. Bd. 5 1998, S. 33–55.

Sauder 1996 – Gerhard Sauder: *Maskenzüge,* in: Goethe-Handbuch. Bd. 2: Dramen. Hg. v. Theo Buck. Stuttgart 1996, S. 309–319.

Schlossar 1901 – Anton Schlossar: *Ottilie v. Goethe und ihre Kinder. Mit einem ungedruckten Gedicht Ottiliens v. Goethe*, in: Deutsche Revue. Bd. 2 1901, S. 90–98.

Schütterle 2008–2009 – Michael Schütterle: *Nachricht über ein bisher unbekanntes Manuskript von Ottilie von Goethe (1796–1872) in der Historischen Bibliothek der Stadt Rudolstadt,* in: Blätter der Gesellschaft für Buchkultur und Geschichte, Bd.12/13 2008–2009, S. 79–84.

Schweitzer 1996 – Christoph E. Schweitzer: *Sarah Austin's Assessment of Goethe's Character and Works and of Weimar*, in: A Reassessment of Weimar Classicism. Lewiston 1996, S. 145–156.

Scott 1948–1949 – Douglas F. Scott: *Sarah Austin and Germany. An Interpret between the mind of Britain and the mind of Germany*, in: German Life and Letters. Bd. 2 (Nr. 2) 1948–1949, S. 139–148.

Scott 1949 – Douglas F. Scott: *English visitors to Weimar*, in: German Life and Letters. Bd. 2 (Nr. 4) 1949, S. 330–341.

Seligmann 1913 – Adelbert Franz Seligmann: Ein Bilderbuch aus dem alten Wien. Denkwürdigkeiten und persönliche Erinnerungen in Bild und Wort. Wien 1913.

Seligmann 1928 – Adelbert Franz Seligmann: *Aus den Briefen Ottiliens v. Goethe an einen Wiener Freund*, in: Chronik des Wiener Goethe-Vereins. Bd. V (Nr. 2) 1928, S. 26–34.

Spies 1999 – Heike Spies: *Des Dichters letzte Hausgenossin*, in: Goethe und die Frauen. Eine Gemeinschaftsausstellung der Frankfurter Bürger-Stiftung im Holzhausenschlößchen und des Goethe-Museums in Düsseldorf/Anton-und-Katharina-Kippenberg-Stiftung. Hg. v. Jürgen Eichenauer. Frankfurt am Main 1999, S. 21–31 u. 157–218.

Steig 1904 – Reinhold Steig (Hg.): Achim von Arnim und die ihm nahe standen. Bd. 3: Achim von Arnim und Jacob und Wilhelm Grimm. Stuttgart, Berlin 1904.

Steig 1912 – Reinhold Steig: *Die Brüder Grimm und die Weimarische Bibliothek*, in: Zeitschrift für Bücherfreunde. Bd. 4 (Nr. 1) 1912, S. 25–30.

Strong 1934 – Gulliver Harold Strong: Thackeray's literary apprenticeship. New Haven 1934.

Thackeray 1852 – William Makepeace Thackeray: Confession of Fitz-Boodle and some Passages in the Life of Major Gahagan. New York 1852.

Teuscher 2020 – Ronny Teuscher: *»Die Meinen werden Dir doch erzählt haben, wie meine einzige Freude die wenigen kleinen Kunstgegenstände sind, die ich besitze«. Aus Ottilie von Goethes griechisch-etruskischer Altertümersammlung*, in: Die Pforte. Veröffentlichungen des Freundeskreises Goethe-Nationalmuseum e. V., Bd. 15 2020, S. 255–269.

Thomas 1978 – Clara Thomas: Love and Work Enough. The Life of Anna Jameson. Toronto 1978.

Trübner 1973 – Georg Trübner: *Ottilie von Goethe und die Übersetzung deutscher Werke ins Englische*, in: Babel. Revue Internationale de la Traduction. International Journal of Translation. Bd. XIX (Nr. 3) 1973, S. 133–141.

Ujma 1997 – Christina Ujma: *Sehnsucht nach Rom. Ottilie von Goethe zwischen Weimar, Wien u. Italien*, in: Women Writers in the Age of Goethe. Bd. IX. Hg. v. Margaret Ives. Lancaster 1997, S. 81–121.

Ujma 2017 – Christina Ujma: *Sehnsucht nach Rom. Ottilie von Goethe zwischen Weimar, Wien und Italien*, in: Stadt, Kultur, Revolution. Italienansichten deutschsprachiger Schriftstellerinnen des 19. Jahrhunderts. Hg. v. Rotraud Fischer und Christina Ujma. Bielefeld 2017, S. 82–110.

Vivian 2008/2009 – John Vivian: *James Patrick Parry (1803–1872). Ein Engländer im nachklassischen Weimar. Teil A: Biographischer Versuch*, in: Blätter der Gesellschaft für Buchkultur und Geschichte. Bd. 12/13 2008/2009, S. 9–78.

Vivian 2010 – John Vivian: *James Patrick Parry (1803–1872). Ein Engländer im nachklassischen Weimar. Teil B: Die Familienbibliothek. Bio-bibliographische Aspekte*, in: Blätter der Gesellschaft für Buchkultur und Geschichte. Bd. 14 2010, S. 9–142.

Vulpius 1897 – Walter Vulpius: *Thackeray in Weimar*, in: The Century Illustrated Magazine. Bd. LIII (Nr. 6) 1897, S. 920–928.

Vulpius 1920/1921 – Walter Vulpius, *Thackeray und Weimar*, in: Westermanns Monatshefte. Bd. 65 (Nr. 6) 1920/1921, S. 579–592.

WA – Goethes Werke. Hg. im Auftrag der Großherzogin Sophie von Sachsen. I. Abtheilung: Werke. II. Abtheilung: Naturwissenschaftliche Schriften. III. Abtheilung: Tagebücher. IV. Abtheilung: Briefe. 143 Bde. [Weimarer Ausgabe] Weimar 1887–1919.

Willoughby 1914a – Leonard Ashley Willoughby: Samuel Naylor and »Reynard the Fox«. A study in anglo-german literary relations. Oxford 1914.

Willoughby 1914b – Leonard Ashley Willoughby: *An early translation of Goethes »Tasso«*, in: The modern language review. Bd. 9 (Nr. 2) 1914, S. 223–234.

Winter 1840 – Amalie Winter: *Das Chaos, eine Zeitschrift in Weimar, 1830, 1831*, in: Weimar's Album zur vierten Säcularfeier der Buchdruckerkunst am 24. Juni 1840. Weimar 1840, S. 205–224.

Wülfing 2005 – Wulf Wülfing: *Zum Mythos von der »deutschen Frau«: Rahelbettinacharlotte vs. Luise von Preußen*, in: Nationale Mythen – kollektive Symbole. Funktionen, Konstruktionen und Medien der Erinnerung. Hg. v. Klaudia Knabel, Dietmar Rieger und Stephanie Wodianka. Göttingen 2005, S. 145–174.

Zaunick 1931 – Rudolph Zaunick: Carl Gustav Carus. Lebenserinnerungen und Denkwürdigkeiten. Dresden 1931.

Zeller Thomas 2007 – Christa Zeller Thomas: *»I shall take to translating« – Transformation, Translation and Transgression in Anna Jameson's Winter Studies and Summer Rambles in Canada (1838)*, in: Translators, Interpreters, Mediators. Women Writers 1700–1900. Hg. v. Gillian E. Dow. Bern 2007, S. 175–190.

Abkürzungen und Siglen

Abkürzungen

Bl. Blatt
Br. Brief
egh. eigenhändig
f. folgend
geb. geborene

Siglenverzeichnis

GSA Goethe- und Schiller-Archiv
HAAB Herzogin Anna Amalia Bibliothek
KSW Klassik Stiftung Weimar
ThULB Thüringer Universitäts- und Landesbibliothek Jena

Impressum

OTTILIE VON GOETHE
Mut zum Chaos
Ein Ausstellungsbuch, herausgegeben von Francesca Fabbri, mit Beiträgen von Francesca Fabbri, Waltraud Maierhofer und Yvonne Pietsch
Schätze aus dem Goethe- und Schiller-Archiv. Band 6.

ISBN: 978-3-7374-0293-4

2. Auflage 2023

www.verlagshaus-roemerweg.de

Lektorat: Aline Wollmer
Umschlag, Layout und Satz: Anja Carrà, Weimar
Bildnachweis des Titelmotivs: Franz Woltreck: *Ottilie von Goethe*, Bronzemedaillon, vergoldet, 1838 (KSW, Museen, KPI/00837)
Gesamtherstellung: CPI books GmbH – Germany